みるみる効果が上がる！

製造業の輸送改善
物流コストを30％削減

仙石 惠一 著

日刊工業新聞社

はじめに

「上司から物流改善を進めろといわれているが、何から手を付けたらよいかわからない」

毎月全国で実施させていただいているセミナーで、製造会社の物流や生産技術、生産管理などの部門の管理職や担当者の皆さんから寄せられる悩みの多くがこの言葉に集約される。

例えば物流改善を実際に経験したことがない担当者や、生産工程の改善はお手のものでも、物流ノウハウを持たない工場担当者の皆さんが弊職のセミナーに学びに来られている。これは日本の製造業では決して珍しいことではない。なぜなら日本ではきっちりとした「物流学」は存在しないし、中学や高校で物流に触れる機会もない。生産改善のように積み重ねてきた歴史も存在しない。このような状況で突然物流改善を任されたとしたらどうなるか？

さらに最近の物流を取り巻く環境変化が自分の会社にどのような影響があるのかをセミナーの場で問うと、心もとない回答しか来ない。何となくリスクは察知しているものの、「10年後も問題なく自社の荷物を運べている」と自信を持って手を上げられる受講者の方は極めて少ない。トラック運転者が高齢化し新たな輸送の担い手がいない、彼ら彼女らの長労働時間には厚生労働省も目を付けており改善が求められる。一方で国として工場のような荷主・着荷主に一定の対応を求めているのだが、このような情報を持ち合わせていないのが実態だ。

国は「標準貨物自動車運送約款」を改正し、平成29年11月4日から施行されている。この改定で荷主、着荷主は3つの影響を受ける可能性が大である。1つ目が「運賃」と「料金」の区別を明確化することだ。従来の契約ではどこからどこまで輸送していくら、というように契約価格が1つだったとしよう。その中には荷積み、荷降ろし、荷物の仕分けや待機などがすべて含まれている状態だった。今後の契約ではこれをそれぞれ分離し、「運賃」「積み込み・荷降ろし料」「付帯作業料」などと

して明確化することが求められることになった。

　2つ目が「待機時間料」を新たに規定することだ。これは説明するまでもないことだが、荷主都合による荷待ち時間の対価を「待機時間料」とするということだ。

　3つ目が附帯業務の内容をより明確化することだ。附帯業務の内容に「棚入れ」、「ラベル貼り」、「横持ち」、「縦持ち」、「はい作業（倉庫等において箱等を一定の方法で規則正しく積み上げたり崩したりする作業）」を追加することとなった。

　これは「標準貨物自動車運送約款」の話だが、個別契約に関してもこれに準じていくという考え方が自然だ。運送会社からこのような変更の申し入れがあったら会社として対応していく必要があるだろう。

　国の施策として2つ目に知っておいていただきたいものが「貨物自動車運送事業輸送安全規則の一部を改正する省令の公布」だ。平成29年7月1日に施行されている。この交付の趣旨について国土交通省は次のようにいっている。

　『トラックドライバーの業務の実態を把握し、長時間労働等の改善を図るため、荷主の都合により待機した場合、待機場所、到着・出発や荷積み・荷卸しの時間等を乗務記録の記載対象として追加する「貨物自動車運送事業輸送安全規則の一部を改正する省令」を公布した』

　要点を説明すると、一定の大きさのトラックの運転者に時間記録をさせることで、荷主都合による待機時間など荷主の構内でのムダな時間を顕在化し、それを改善することで長時間労働を是正していきたいというものだ。特に待機時間改善に取り組むとともに運送会社から申し入れがある可能性もあるので、「荷主責任か否か」はわかるようにしておきたい。

　皆さんにさらに知っておいていただきたいことは、平成29年7月1日から改定施行された荷主勧告制度だ。国土交通省のパンフレットの冒頭にはこう記されている。『トラック運送事業者の法令違反行為に荷主の関与が判明すると荷主名が公表されます！』。「荷主勧告」は、貨物自動

車運送事業法第64条に基づき、トラック運送事業者の過積載運行や過労運転防止措置義務違反等の違反行為に対し行政処分を行う場合に、当該違反行為が荷主の指示によるなど主として荷主の行為に起因するものと認められるときは、国土交通大臣が当該荷主に対し違反行為の再発防止のための適当な措置を執るべきことを勧告するものだ。工場の出荷担当者が安易にトラック運転者に話したその一言が法令違反につながることも考えられる。社内での十分な周知徹底が望まれる。

　このような環境変化を知った上で私たちは物流改善に取り組まなければならない。特に物流コストの最大要素である輸送について。もしかしたら「輸送改善＝輸送価格の見直し」と短絡的に考えている方もいらっしゃるかもしれない。たしかに過去は運送事業者と交渉すれば輸送価格は下がっていたことだろう。しかし今や運転者不足で価格は上昇傾向にある。ではどうしたらよいのか。

　本書では輸送コストを価格だけではなく抜本的に「輸送の仕組み」を変えることで下げる方策を多数掲載した。皆さんが物流コストを削減する目標として30％を挙げたい。決して実現不可能な数字ではないから。さらに、仕組みを変えることはコスト削減だけではなく、在庫削減にもつながる。それはサプライチェーン全体の効率化に寄与することも意味する。ぜひ最後までお読みいただきそのノウハウを吸収していただきたい。

　物流改善はいうまでもないが、モノの流れの清流化やモノづくりの体力向上、工場全体の効率化など、さまざまな場面でお役立ていただければ幸いである。

2018年3月　　　　　　　　　　　　　　　　　　　　　　　　仙石惠一

目　次

はじめに …………………………………………………………… 1

プロローグ
輸送コスト削減に向けての事前準備

1　改善ネタに困っている皆さんへ、今こそ物流改善だ！ ………10
2　会社で発生している物流コストの内わけは？ ………………13
3　物流コストの発生要因には何があるか ………………………16
4　物流コストの見落としに注意しよう …………………………19
5　輸送コスト改善の準備に取り組もう …………………………22

第1章
輸送の全体像を理解しよう

1　輸送モードとその選択のための検討ポイント ………………28
2　利便性に優れる自動車輸送とリードタイム貢献に寄与する
　　航空機輸送 …………………………………………………………31
3　コストメリットのある大量輸送に適した輸送モード ………33
4　輸送コストの構成要素について理解する ……………………35
5　トラック輸送価格の原価構成とサーチャージの考え方 ……38
6　トラック運送事業の規制緩和と法令について理解しよう …41
7　トラック輸送価格の決定要素について知ろう ………………43
8　物流子会社について ……………………………………………45

第2章

荷量把握のための物流データを準備しよう

   1 物流を数字で示す重要性と荷姿データ …………………………50
   2 容器のデータの整理と個当たり物流データの作成……………53
   3 物流データを活用してみよう ……………………………………55

第3章

輸送の問題点を見える化しよう

   1 物流を数字で示す重要性と荷姿データ …………………………60
   2 物流5機能プラスワンで見える化してみよう …………………64
   3 輸送を見える化する重要性 ………………………………………67
   4 OD表を作成しよう－ある会社の例 ……………………………69
   5 市販の日本地図を利用して輸送マップを作成しよう …………72
   6 トラックの輸送効率を測定してみよう …………………………75
   7 トラック積載率は理論的に計算する………………………………78
   8 トラック実働率と実車率 …………………………………………81
   9 トラック待機時間の要因を見える化する ………………………84
  10 荷役時間の実態を把握しておこう………………………………86
  11 荷姿の問題点を見える化する……………………………………89
  12 荷姿充填状況と容器積み重ね可能状況を見える化する ………92
  13 海上コンテナの問題点の見える化と物流ロスの金額 …………95

第4章

トラック積載率向上のためのあの手この手

   1 会社にとっての優先順位を見極める …………………………… 100
   2 荷台の隙間を埋める視点 ………………………………………… 102

3　配車センターを設置し出荷情報を一元化する ……………… 105
    4　トラック能力を使い切れ！鉄綿混載にチャレンジする ……… 108
    5　本業では競争、物流では協業を考えよ …………………… 111
    6　特便による異常コストを削減する …………………………… 114
    7　規制緩和で輸送のコストを削減する ………………………… 117

第5章
戦略的調達物流への取り組み

    1　調達物流について再認識しよう …………………………… 120
    2　調達物流での困りごと ……………………………………… 123
    3　会社のポリシーが問われる調達物流の位置づけ ………… 126
    4　調達物流改善としてのVMIと共同納入 …………………… 129
    5　現状調達物流における資産授受ポイントと責任範囲 ……… 132
    6　現状調達物流における物流費の位置づけ ………………… 135
    7　調達物流の使命とは何か …………………………………… 138
    8　使命実現のための調達物流のあり方 ……………………… 141

第6章
戦略的調達物流の実行

    1　調達物流実行に向けての準備を開始しよう ………………… 146
    2　運送会社情報の入手と輸送マップへの追加情報 ………… 149
    3　調達物流改善プロジェクトを立ち上げよう ………………… 152
    4　調達物流戦略を立案しよう ………………………………… 155
    5　調達物流ルートを組んでみよう ……………………………… 158
    6　運送会社の評価を実施しよう ……………………………… 161
    7　運送会社の集約を検討しよう ……………………………… 165

8	幹事会社と実運送会社のチームワークで効率的運用を図る …	167
9	部品価格を改定し調達物流原資を確保する ………………………	170
10	部品価格改定におけるリスクとは …………………………………	173
11	輸送情報システムの構築 ……………………………………………	176
12	日常管理体制の構築 …………………………………………………	179

第7章

荷姿設計で輸送を根本的に効率化

1	荷姿の重要性について再認識する …………………………………	184
2	荷姿改善が輸送に与える影響と荷姿技術の重要性 ………………	186
3	製品設計と荷姿設計のサイマル活動で 大幅に輸送コストを改善しよう …………………………………	189
4	輸送モードに合わせた荷姿モジュールを作ろう ………………	192

第8章

輸送パートナーの選定と共同活動

1	輸送アウトソース時の落とし穴にはまるな ……………………	196
2	アウトソースの妥当性を点検しよう ……………………………	198
3	物流アウトソース前にやっておくべきこと ……………………	201
4	物流作業「仕様書」の作り方 ……………………………………	204
5	公平公正なアウトソース先選定方法 ……………………………	207
6	委託先管理はアウトソース成功のキーポイント ………………	210
7	輸送パートナーとの共同改善活動の実践 ………………………	213
8	皆さんが輸送パートナーに貢献できること ……………………	216

> 附　録

輸送コストの改善ができる人材を育成しよう

　　1　管理者は部下への質問を通して物流を学べ ……………… 220
　　2　管理者は物流をマネジメントすることを学ぼう ………… 222
　　3　物流管理スタッフの機能と育て方 ………………………… 224
　　4　効率的な物流を設計する物流技術スタッフの機能と育て方 … 228
　　5　輸送マイスターを育成せよ ………………………………… 230

コラム

　　総合物流施策大綱2017-2020 ……………………………………25
　　今、輸送の現場で起きていること ………………………………48
　　トラガールは救世主となるか ……………………………………58
　　ついに動き始めた！国の運送に関する施策を知ろう ……………98
　　荷主勧告制度改定と私たちの留意点① ………………………144
　　荷主勧告制度改定と私たちの留意点② ………………………182
　　輸送とCO_2排出の関係について知ろう …………………………218
　　私たちのとるべき望ましいアクションとは ……………………233

おわりに ……………………………………………………………… 235

プロローグ

輸送コスト削減に向けての事前準備

輸送コストを削減すれば、それがそのまま会社の利益になるんだ。会社利益に直結する、こんなおいしいネタはそうそう見つかるものではないぞ。まずは改善につながる物流の現状について把握していこう。

1 改善ネタに困っている皆さんへ、今こそ物流改善だ！

　日本の製造業は世界でも最強だと言われてきた。それは高品質の製品を低コストで提供できてきたから。最近では東南アジアの国々の追い上げが厳しくなってきているが日本も負けてはいられない。諦めたところで市場から退場せざるを得ないからだ。特に工場の方たちは目を皿のようにして改善アイテムを探していることだろう。工場では製造現場を中心に「原価低減」という取り組みが行われている。少しでも効率的なモノづくりを実施することで原価を下げ、利益を向上しようとする取り組みだ。工程のレイアウトを変更したり無駄な加工部位を減らしたりしながら原価を下げていく。

　購買担当者は少しでも安い材料を調達するために優秀なサプライヤーを探したりVAを通して調達価格を下げたりする活動を実施している。

　いよいよ大きなネタが尽きてくると工場の中での歩行改善、つまり今の一歩を無くす活動に色々と工夫を凝らす。まさに涙ぐましい努力が日々行われていることだろう。実際に改善は永遠といわれながらもやり尽くし感が漂っているのかもしれない。担当者の立場からは愚痴も出てきそうなもの。では会社としてもう改善の余地は狭まったと考えてよいのだろうか。

　否、会社でのコスト改善のネタが尽きたと判断するのは早すぎる。なぜなら多くの会社で「物流改善」への取り組みが不十分だからだ。物流も会社にとって大きなコストになっていることは間違いない。ここに取り組むことで思いがけない利益を会社にもたらすことだろう。

　図表P-1をご覧いただきたい。年間売上高100億円で3億5000万円の輸送コストを発生させている会社が、その10％を削減するとどれだけ大きな効果があるのかを示している。その効果は3500万円だ。輸送を

プロローグ　輸送コスト削減に向けての事前準備

```
➤ 年間売上高        100億円
➤ 年間物流費        5億円（売上高物流コスト比率5%）
➤ 年間輸送費        3億5000万円（売上高輸送コスト比率3.5%）
➤ 年度営業利益      4億円（売上高営業利益率4%）
```

```
10%の輸送改善⇒3500万円の利益に直結
3500万円の利益をあげるためには…

●3500万円÷4%（利益率）＝ 8億7500万円の売上増が必要

●3500万円÷500万円（労務費）＝ 7人の効率化が必要
```

図表P-1. 輸送改善のおいしさ指数

アウトソースしているとすれば対外支払い金額削減となりそのまま利益へと変化する。

　一方でこの3500万円を売上で稼ごうとしたらあといくら売り上げなければならないか。3500万円÷4%（営業利益率）＝8億7500万円。これは簡単な数字でないことがおわかりいただけることだろう。また、輸送コスト改善3500万円は何人分の労務費に相当するか。仮に一人当たり人件費を500万円とすれば7人分に相当する。一歩を削減する改善を行っている会社にとってこれだけの労務工数削減を実現するための労力たるや相当なものであろう。

　それに比べれば輸送コストを10%改善する方がはるかに実現性は高いと思うのは筆者だけではないだろう。まして今まで輸送改善に取り組んでいなかった会社であれば輸送費を20%改善することすら夢ではない。それだけ輸送改善は"おいしい"のだ。

　物流改善のもう一つの"おいしさ"はその効果の大きさにある。生産工程の改善では仮に10歩改善できてもその効果は6秒程度である。生産

視点	生産工程改善	物流改善
取り組み度合い	何十年も前から実施	未実施または経験浅い
アイテム	小さいアイテムが残されている	大きなアイテムが山ほどある
効果	小さい	大きい
困難度	比較的小さい	アイテムによっては難しいものあり
効果の刈り取り	1人省人化するまでコスト削減にならない	実施した段階から効果発現（アウトソースの場合）
実施のプロ	社内に大勢いる	経験者は少ない

図表P-2. 生産工程改善と物流改善

作業者1人を効率化できるアイテムなど今どき容易く見つかるはずがない。一方で物流はどうだろうか。仮に日に1台のトラックを無くせたとしたらそのコストが丸々無くなる。トラック輸送コストは距離によっても異なるが仮に4万円だとすると月に80万円、年間で1000万円近くのコストが削減できる。要はレベルが違うのだ。しかも今まで物流改善に取り組んだことのない会社であれば2割、3割の削減は決して夢ではない。これだけおいしいアイテムはそうなかなか見つからないだろう。工数をかけてでもぜひ実行していきたいものだ。

POINT

- 原価低減のネタが尽きつつあるが、物流改善という宝の山が残されている。
- 物流改善は効果が利益にそのまま転換できるので、会社収益向上には大変おいしいアイテムだ。
- まだ未着手の会社が多いので、大きな効果が期待できる。

会社で発生している物流コストの内わけは？

「皆さんは今会社でどれくらい物流コストが発生しているか把握されていますか？」筆者はたびたび物流改善セミナーを実施しているがその場でこのように質問してみる。しかしほとんどの方がこの問いかけにまともに答えることができない。その理由に物流コストは財務会計では把握できないことが挙げられる。そこでまず輸送コストに限らず会社で発生している物流コストについて確認していこう。

公益社団法人日本ロジスティクスシステム協会が毎年物流コスト調査を実施している。この調査報告によると物流機能別にどのような比率になっているのかがわかる。図表P-3をご覧いただきたい。2016年度の比率を見ると「輸送コスト」が56.0%、「保管コスト」が17.2%、「その他コスト」が26.9%となっている。四捨五入の関係でこの数字を合計して

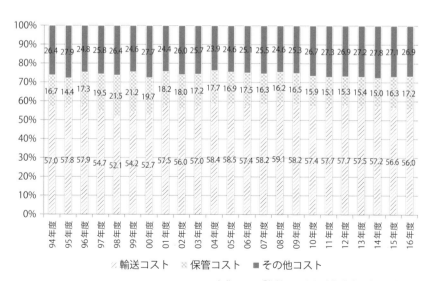

出典：JILS「物流コスト調査報告書」（2016年度）

図表P-3．物流機能別構成比の推移

も100%にはならないが、大切なことは物流コストには大きな特徴があるということ。それは会社で発生している物流コストのおおよそ6割が輸送コストだということだ。

　だからもし物流コストを削減したいのであれば最優先で取り組むべきは「輸送改善」。これは間違いない。輸送改善以外にも保管コストや包装コスト、荷役コストなどが発生している。まず会社でどのような物流機能でどれくらいのコストが発生しているのかを把握しよう。そのコストが社外に対して支払われているか社内での発生コストにとどまっているのかは関係ない。会社として発生している物流コストとしてきちんと把握することから始めたい。

　多くの会社で物流に携わる人たちが感じていること。それは「物流の地位が低い」ということだろう。特に日本では物流は軽視されがちだ。黙っていてもモノは届く。特に意識しなくても物流事業者が運んでくれる。社内でほとんどの人たちがこのように感じているのではないだろうか。

　図表P-4をご覧いただきたい。これは経済産業省中部産業局が以前に行った経営戦略における物流の位置づけの調査結果だ。複数回答でその比率を示している。この中で圧倒的に大きいのが「コストダウン重視の業務」だとう認識だ。この是非はともかくとして物流を減らさなければならないという経営者の認識は理解できる。一方で着目したいものが「特に重視していない業務」という回答だ。サプライチェーンマネジメントが重要だといわれる時代においてこのような認識でいる経営者が多いことは驚きだ。ただこれが事実なのだろう。トップの認識が薄い物流には力が入らないのも無理もない。

　この本を読まれている方の多くは物流に携わっていると思われるが、自ら物流に注目してもらえるような働きかけはしているだろうか。物流の地位向上につながるような仕事の仕方をしているだろうか。筆者もたくさんの会社の方と話をしてきたがこの点が弱い気がしてならない。

プロローグ　輸送コスト削減に向けての事前準備

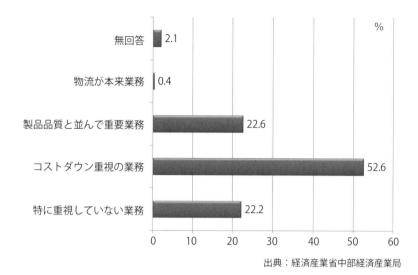

出典：経済産業省中部経済産業局

図表P-4. 経営戦略における物流の位置づけ

　弱点の1つが物流を数字で示すことができないということだ。その最大の項目が物流コストだ。総額でいくら発生し、物流機能別にはそれぞれいくらなのか。売上高に対する比率で行くと何％に相当するのか。それは会社利益率と比較して高いのか低いのか。このようなことが認識できていない状態では残念ながら物流の地位向上は難しい。だからこそ何はさておき物流コストを把握していこうではないか。

POINT

- 会社でどのような物流機能でどれくらいのコストが発生しているのかを把握しよう。
- 会社の中での物流の注目度は低い。だからこそ物流コストを把握し社内で発信していく必要があるのだ。

3 物流コストの発生要因には何があるか

　会社で発生している物流コストにはどのようなものがあるだろうか。まずこの費目について洗い出してみよう。簡単なところから把握する方法として物流5機能別把握が挙げられる。ここで初めて耳にする言葉かもしれないので物流5機能（**図表P-5**）について説明しておこう。

　まず輸送機能について。輸送とは「空間的ギャップを埋める活動」といわれる。例えば青森で採れたリンゴを東京という消費地に移動することを考えてみよう。青森と東京では「空間的ギャップ」があることは明確。これを「輸送」という機能で埋めることで東京の消費者がリンゴを食べることができるわけだ。

　次に保管機能。保管とは「時間的ギャップを埋める活動」のことだ。冬に採れた作物を夏場に消費することがあるが、それは冬から夏の間物流倉庫で品質を維持しながら保管されるから可能になるわけだ。

　3つ目に荷役という機能がある。これは工場の中でフォークリフトを

物流は輸送、保管、荷役、包装、流通加工の5つから成りたっている（一般的認識）		
物流の機能	輸送	輸送とは、空間的ギャップを埋める活動である。『トラック、鉄道、船舶、飛行機などのモードがある』
	保管	保管とは、時間的ギャップを埋める活動である。『倉庫、物流センター（DC）、仕分センター（TC）、などがある』
	荷役	輸送と保管を行う時の物品の取扱活動全般を指す。『入荷、出荷、ピッキング、検品、棚卸など』
	包装	物品の輸送、保管時に必要な品質を保護をする為の活動。『個装、内装、外装などがある』
	流通加工	物流過程で、物品に付加価値を与える各種作業を指す『値札付け、カッティング、パック詰め、簡易組立など』

図表P-5. 物流5機能

使って荷を積み重ねたり、倉庫から荷物を出庫したりする作業のことを指す。

4つ目が包装だ。皆さんが扱っている製品をそのまま保管したり移動したりできればよいが、実際には紙で包んだり箱に入れたりする必要がある。品質を保持する必要があるからだ。

5つ目が流通加工と呼ばれる機能。物流の過程で直接製品に付加価値を与えることを指す。部品の簡単な組立作業や商品への値札付けなどがこれにあたる。最近ではスーパーのバックヤード業務としての野菜や肉のカッティングやパック詰めなども流通加工に該当する。

最近では物流5機能にさらに1つ加わり物流5機能プラスワンとされるようになった。それが情報機能だ。これは物流オペレーションを行うにあたって無くてはならない存在となってきている。出荷指示情報や倉庫管理情報などが情報機能にあたる。

もう1つ、物流にはオペレーションだけではなく管理業務があることにも注目したい。まずオペレーションに付随する管理業務が挙げられる。例えばフォークリフトや自動倉庫などの物流機器を管理する業務。フォークリフトのメンテナンスや自動倉庫のシステム更新などでも確実にコストが発生している。物流は容器を使うがその容器を清掃したり修理したりする業務もありこれにもお金がかかる。物流の重要管理業務として在庫管理がある。これに対しても人件費というコストが発生している。その他出荷管理業務や輸送のための配車管理業務なども同様だ。

物流コスト把握の視点としてまず物流5機能プラスワンに注目しよう。機能ごとに発生しているコストを把握する。次に管理業務ごとに発生しているコストを把握していこう。アウトソースしている場合は支払金額を把握すればよい。輸送委託や外部倉庫委託などの費用、パレットや容器、梱包資材などの購入費も同様だ。物流機器や容器の修理費なども物流コストとして認識することが重要。気にかけていることで把握漏れは防げるだろう。

問題となるのは社内で発生している物流コストの把握方法だ。まず物

流スタッフとして特定されている場合は問題ないだろう。一方で工場の中の倉庫コストは容易に把握できるだろうか。物流スタッフ以外の人が物流的業務を行っている場合の人件費や営業担当者が顧客に直接製品を届けた時の輸送費など把握しづらいものもある。そのようなケースでは面積や仕事の比率などで按分する方法を取らざるを得ない。細かい話になるかもしれないが人件費は社員に直接支払われる給与以外にも法定福利費や福利厚生費などが含まれる。派遣会社からの派遣社員、パート社員などの給与も落とさずに把握していこう。

物流業務にはオペレーションだけではなく管理業務もあることに気づいて欲しいな。こういった管理業務にも人件費というコストが発生していることを忘れないでね。

POINT

- 物流には輸送、保管、荷役、包装、流通加工の5つの機能がある。これに情報機能を加え5機能プラスワンでのコストが発生している。
- 対外支払費以外にも物流コストは発生していることに注意しよう。

プロローグ　輸送コスト削減に向けての事前準備

物流コストの見落としに注意しよう

　ここで大切なことは「物流のために」発生しているコストを見落とさずに認識すること。多少精度が落ちたとしても、コスト認識から外されるよりははるかにベターだ。

　図表P-6をご覧いただきたい。これも日本ロジスティクスシステム協会の調査データだ。物流コストを領域別に分類したものだが非常に特徴的な事実を示している。物流における領域とはモノが入ってから出ていくまでの調達、社内、販売の3領域を指す。この各領域で物流コストはモノを調達する際に発生する「調達物流コスト」、部分品や製品を社内で取り扱う際の「社内物流コスト」、そして製品を顧客に届ける際に発生する「販売物流コスト」に分類されることになる。2016年度のデータによると調達物流コストが5.8%、社内物流コストが20.4%、販売物流

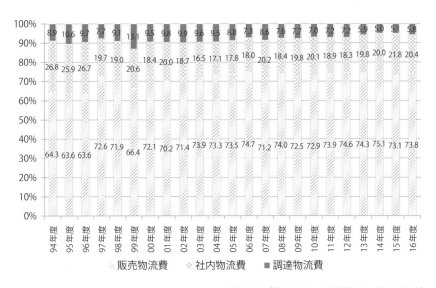

出典：JILS「物流コスト調査報告書」（2016年度）

図表P-6. 領域別構成比の推移

19

コストが73.8%となっている。毎年のデータをご覧になっていただければわかるがこの比率は大きく変動していない。

　このバランスを見てお気づきになっただろうか。サプライチェーン上ではモノが会社に入って来て（調達物流）、それを加工組立して（社内物流）、顧客に届ける（販売物流）流れになっているはずだ。モノが入って出ていくという当たり前の流れとなっているにもかかわらず、調達物流コストと販売物流コストのバランスがあまりにも悪いと思わないだろうか。実はこのバランスの大きな要因は日本の商慣習にある。皆さんは会社で資材や部品などを購入した際、物流コストを負担して輸送しているだろうか。大多数の答えは「ノー」だろう。理由は簡単だ。それは供給側（サプライヤー）が輸送や包装などにかかる物流コストを負担して皆さんの会社に納入してくれているからだ。だから調達側は物流コストとして認識していないのだ。この物流コストは財務会計上「材料費」に含まれている。つまり資材費や部品費に物流コストが入ってしまっていていくら払っているかがわからなくなってしまっているのだ。この調達物流コストについては輸送改善のオポチュニティーがふんだんに含まれているため、本編で詳しく解説していくことにする。
　調達物流コストの規模は大きい。しかしそこまで大きくなくても他の費目に含まれているため物流コストとして認識していないものがたくさんある。これらを認識するためには新たな業務となり工数が発生するかもしれない。その工数のレベルやどこまで把握できるかは会社によって異なることだろう。そこで会社で発生しているものの把握度が低いと考えられる物流コストの例を**図表P-7**に挙げておくので今後の参考にしていただきたい。
　物流コストは物流部門だけに発生するとは限らない。そこで物流コスト把握の重要性を説明したうえで各部署の協力を求める必要があるだろう。物流部門で物流コスト日報（あるいは月報）を配布し、会社としての物流コスト集約を始めてみよう。

プロローグ　輸送コスト削減に向けての事前準備

機能	コスト
輸送	支払運賃
	自社運転員労務費
	車輌償却費
	車輌リース費
	車輌燃料費
	車輌修繕費
	車輌賃借料
	車輌保険料
	駐車場代

機能	コスト
荷役	フォークリフト作業員労務費
	ライン供給作業員労務費
	フォークリフト購入費
	フォークリフトリース料
	フォークリフト修繕費
	フォークリフト点検費
	棚設備購入費
	安全保護具購入費
	運搬台車購入費

機能	コスト
保管	支払保管料
	倉庫賃借料
	入出庫料
	土地建物賃借料
	社内倉庫費
	水道光熱費
	自動倉庫償却費
	自動倉庫補修費

機能	コスト
流通加工	加工設備費
	流通加工労務費
	流通加工場所代

機能	コスト
包装	梱包作業員労務費
	梱包設備費
	包装資材費
	ボックス容器購入費
	ボックス容器修理費
	ボックス容器洗浄費
	梱包場所代

機能	コスト
情報	供給指示情報
	配車指示情報
	端末設備費
	ハンディーターミナル購入費

図表P-7. 会社で発生している物流コスト（例）

POINT

- 大切なことは「物流のために」発生しているコストを見落とさずに認識すること。
- 他の費目に埋もれてしまっている物流コストにも改善の余地があることを知っておこう。

5 輸送コスト改善の準備に取り組もう

　改善に取り組むには何はともあれ現状把握が重要。今の立ち位置を確認することからスタートしよう。そうはいっても物流となると今がどうなっているのかを把握することすら大仕事かもしれない。そこで最低限知っておかなければならないことについて説明しておこう。

　まず現在の輸送をアウトソースしている場合、契約内容について確認したい。確認事項としては最低限以下の5項目を調べる。

　①契約運送会社
　②契約期間
　③契約形態（車建て契約なのか、個建て契約なのか）
　④輸送料金
　⑤輸送以外の付帯作業の委託の有無

　アウトソース先にどのような仕事を依頼しているのか、実際にその契約通りに仕事が行われているのか、もしかしたら契約外の内容をお願いしていないかなどビジネス上の基本的な内容について確認する。アウトソース先に丸投げでまるでわからないというケースもあるかもしれない。しかしそれでは輸送コスト改善などは夢物語だ。きちんと契約書を引っ張り出して契約内容について改めて認識しておこう。

項目	チェックポイント
契約運送会社	契約会社の名称、会社の規模、主な取引先などを確認
契約期間	1年契約なのか複数年契約なのか、契約満了日、契約終了時の自動更新の有無などを確認
契約形態	1車チャーターする契約（車建て）か、モノを1個輸送する単位での契約（個建て）か、その他の契約形態かなどを確認
輸送料金	方面別輸送料金など料金テーブルを確認
輸送以外の付帯作業の委託の有無	積み込み、荷降ろし作業の委託の有無、輸送先での棚入れ作業などの有無、その他輸送とは違う仕事を委託しているかを確認

図表P-8. 輸送委託契約の主な内容

次に輸送の実態について確認する。無理のないところで次の4項目について調べてみよう。

①日々の配車台数（方面別）
②運送会社への支払金額（方面別）
③緊急輸送が発生した場合の特便台数とその理由
④緊急輸送で発生した金額

今後輸送改善を進めていく段階ではもう少し詳しいデータが必要となるが最初はこの程度のデータ集めから始めればよい。この内緊急輸送のための特便台数を把握する意義は大きい。なぜなら特便を認識し、それを削減しようという活動を進めるだけでも輸送コスト改善に大きく貢献するからだ。この現状把握は最低限のものであり、本来であれば配車したトラックをどのくらい効率的に活用しているかについても認識が必要だ。これについては追々実施していくこととしてその方法については後で解説することとする。

もう一つ確認しておきたいのがトラック待機時間だ。皆さんの会社では積み込みに来たトラックあるいは荷降ろしに来たトラックを待たせていないだろうか。実はこのトラック待機時間が社会問題化しつつある。なぜならトラック運転者不足が顕在化しつつあり将来的なサプライチェーン寸断が心配になってきているからだ。トラック運転者の業務効率低下の一因となっているのが「トラック待機時間」なのだ。

輸送改善の事前準備としてこの待機時間がどれくらい発生しているか

A社(大阪)向け	1日	2日	……	30日	31日
配車台数(台)	4	3	……	5	4
発生金額(円)	320,000	240,000	……	400,000	320,000

特便配車	1日	2日	……	30日	31日
配車台数(台)	1	0	……	2	2
発生金額(円)	40,000	0	……	50,000	49,000

図表P-9. 輸送の実態を確認

を調査しておこう。例えば平均で1時間待機させておりそれに対する対価を支払っていない、といった実態を把握しておくことだ。この待機時間の解消が輸送コスト改善にもつながるのでぜひ今の実態を把握しておきたい。

参考までに国土交通省はこのトラック待機時間に対して「トラック運送業における下請・荷主適正取引推進ガイドライン」を公表しその改善を促している。ガイドラインの抜粋を**図表P-10**に示しておくので参照していただきたい。

- 着荷主等、運送委託者、運送受託者は定期的な会議を設ける等、**手待ち時間の実態及びそれに係る問題意識を共有**し、双方で改善策検討、実施することが望ましい。
- 着荷主先でも、積み込時間等の調整を行える一元的な窓口を設置することが望ましい。
  ▫ 特に配送センターでは、長時間の手待ち（妥当と思われない要請）が発生する傾向にあるため留意する必要がある。

このガイドラインでは独占禁止法における物流特殊指定、下請法、貨物自動車運送事業法などの法令に抵触する恐れがあることを示している。これは荷主だけではなく、物流会社の親事業者も対象とされている。

図表P-10. 国土交通省のガイドライン

POINT

- ●輸送コスト改善に先立ち輸送契約内容について確認しよう。
- ●次に日々の輸送の実態について確認しよう。
- ●さらにトラック待機時間が発生していないか確認しよう。

総合物流施策大綱 2017-2020

　皆さんは総合物流施策大綱をご存じだろうか。各省庁が協力し、政府一体となって物流施策を推進していくために策定されるものである。世の中の流れの変化を反映するために4年ごとに作成されている。まさに今年度に新たな大綱が発表された。我が国の物流政策の基本方針を示すものであるから必ず要点は押さえておこう。

　新たな大綱は平成29年7月28日に閣議決定された。今回の策定の背景について認識しておこう。まずライフスタイルの変化だ。通信販売の利用が一般的となり宅配便取扱量が急増するなど消費者のライフスタイルは大きく変化しているが、これが物流における労働力不足に拍車をかけている。将来この傾向はさらに進むことが予想され、それに伴って、輸送の小口化・多頻度化による輸送効率の低下が懸念される。この点について大綱では以下のように表現している。

　『通信販売の伸びに伴い宅配便取扱数が急増している中、年末のピーク期に遅配が発生するなど、企業間輸送も含めて特定期間に需要が集中する場合に輸送ニーズに対応できないような、これまでに見られなかった状況が生じている。

　また、時間的な制約が厳しくなる一方で、時間指定、代金収受、届け先での附帯作業などの物流に附帯するサービスの範囲は拡大している。今後、さらに物流に対するニーズが変化し、複雑化することが予想される中、現状のままでは、ニーズに的確に対応できなくなるのではないかとの観点から、物流危機の懸念も持たれる状況となっている』。

　さらに『物流が安全性を十全に確保しつつ、途切れることなくその機能を発揮し、多様なニーズに的確に対応して経済活動及び国民生活を支えていくことは、国家的な課題となっている』としている。

　今回はこのように特にライフスタイルの変化に伴う物流ニーズに対応できる物流の構築について6つ視点から提言がなされている。それは以下のとおりである。

① 「サプライチェーン全体の効率化・価値創造に資するとともにそれ自体が 高い付加価値を生み出す物流への変革」（＝繋がる）〜競争から共創へ〜
② 「物流の透明化・効率化とそれを通じた働き方改革の実現」（＝見える）
③ 「ストック効果発現等のインフラの機能強化による効率的な物流の実現」（＝支える）〜ハードインフラ・ソフトインフラ一体となった社会インフラとしての機能向上〜
④ 「災害等のリスク・地球環境問題に対応するサステイナブルな物流の構築」（＝備

える）
⑤「新技術（IoT、BD、AI 等）の活用による"物流革命"」（＝革命的に変化する）
⑥「人材の確保・育成、物流への理解を深めるための国民への啓発活動等」（＝育てる）

　どれも重要なことを述べていることに違いはないが、筆者的には最後の「人材の確保・育成、物流への理解を深めるための国民への啓発活動等」（＝育てる）が盛り込まれたことが画期的だと思っている。なぜなら社会全体における物流への理解度は極めて低いものと感じており、その影響で物流に携わろうとする人も少なく、現時点で物流に携わっている人たちに対する教育も十分ではないと感じているからだ。
　また大綱には「商慣習改革と働きやすい環境づくり」という節が設けられている。これについては今後輸送改善を行っていく際に影響を受ける可能性があるので簡単に触れておく。この節で述べられていることはトラック運送業者が荷主に比べて弱い立場にあること、それによって構内で待たされたり、契約に明記されていない作業をやらされたりしていることなど、商慣習上の問題を指摘し、その改善の必要性について記されている。この影響が契約内容や価格の決定において少なからず影響してくると思われる。
　もう1つだけ、「サービスと対価との関係の明確化を図る」という節がある。ここでは、『官民を挙げて、荷待ち、積込み・取卸し、附帯業務等のコストが取引価格にて適正に反映されるよう取組を推進する』と記されている。『サービス提供にあたっては、必要なコストの「見える化」を図り、運送に対する対価（運賃）と運送以外の部分（荷待ち、積込み・取卸し、附帯業務等）に対する対価（料金）を区分して収受する取組を推進する』とも記されている。実際のところ多くの会社でこのような区分された契約価格となっていないと思われる。後述するが今後は運賃と料金を明確に区分することが求められることになる。契約内容の調査を行う際に実態をきちんと把握しておきたい。

第1章

輸送の全体像を理解しよう

輸送というと真っ先にトラックをイメージしがちだね。でもトラック以外で輸送することもあるよ。鉄道や船舶など、それぞれの輸送モードのメリット、デメリットをここで確認しておこう。

1 輸送モードとその選択のための検討ポイント

　輸送というとトラックを思い浮かべる人が大半だろう。街中を歩いているとトラックが荷物を載せて走り回っている。高速道路でも大型トラックをよく目にすることだろう。それだけトラックは私たちにとって身近な存在であり重要な輸送機能であることは間違いない。
　しかし輸送手段はトラックとは限らない。
　一般的に物流の世界では輸送手段のことを「輸送モード」と呼ぶ。この輸送モードには次のような種類があることを知っておこう。それは自動車、鉄道、船舶、航空機の4パターンだ。私たちは輸送を行う際にはこのいずれかを利用するか、どの組み合わせで行くかを検討していくことになる。
　本書は輸送コスト改善が主眼であるため、まずは輸送コストについて検討する必要がある。そのために1㎥や1トンといった単位当たりの輸送コストを比較することになる。この値が小さければ小さいほどコストメリットが出てくる。単位当たり輸送コストはまとめて大量に運ぶことでより小さくなる傾向にある。逆に少量多頻度輸送の場合の単位コストは大きくなる。
　次に輸送リードタイム。どの会社でも在庫削減は大きな命題となっている。せっかく工場で短リードタイムのモノづくりを実現し在庫削減に寄与できていたとしても、輸送過程でリードタイムが延びてしまうことは望ましくない。一定の距離を運んだ際の輸送リードタイムを比較検討していこう。一般的に輸送コストと輸送リードタイムはトレードオフの関係にある。

　次に気にしたい項目が時刻遵守の精度だ。出発時刻や到着時刻が大きくずれることは望ましくない。最近では時刻指定納入も浸透してきてい

る。そこでその輸送モードを使った際にどこまで時刻を守れるのかについては十分検討したいところだ。

　安全性も荷主の立場で考えると重要項目になる。安全性で最初に考えなければならないことは荷物の損傷だ。荷役時の落下や輸送途上の荷崩れなどは荷物を損傷させることにつながる。雨濡れも同様だ。温度管理が必要な製品の場合、輸送中にきちんと温度コントロールはできるのか。荷物の積み込み・荷降ろし時に規定外の温度にさらされないかなど留意すべき点は多い。

　安全性の二つ目の項目は盗難だ。製品特性によっては輸送過程で盗難のリスクがあることも認識していくべきだ。

　そして輸送事故についても考えておく必要がある。交通事故や海難事故などの発生確率も考慮していく必要があるだろう。

　次に利便性だ。その輸送モードを利用する際にストレスなく利用できるかどうか。自社の軒下まで引き取りに来てくれ、そのまま顧客のところまで運んでもらえることは非常に便利と感じることだろう。また出荷時刻がずれたり納品先の都合でタイミングが変更になったりした場合に柔軟に対応できるかどうかもモード選択の重要な検討要素だ。

　あと忘れてはならない項目として環境性が挙げられる。ビジネスを行っていく上で環境問題を無視するわけにはいかない。先進的な会社では環境対策の一環として輸送によるCO_2排出量の削減を前面に出して企業イメージを向上させているケースが見られる。検討項目の一つに加えわずかながらも地球環境保護に寄与することが必要だろう。

　これらの項目を会社として優先順位づけし、評価のための重みづけをしながら判断していくとよい。重みづけの例を**図表1-1**に示しておく。

検討項目	内容	当社の優先度（ウエイト例）
輸送コスト	・1m^{3}あたり、1トンあたりの輸送コスト	40
輸送リードタイム	・出荷から到着までの所要時間	20
時刻遵守の正確さ	・出荷時刻の正確性 ・到着時刻の正確性	10
安全性	・荷物の損傷、雨濡れ ・荷物の盗難 ・交通事故、海難事故	10
利便性	・積み込み、荷降ろしの容易性 ・変更に対する柔軟度	10
環境性	・CO_2排出量	10

図表1-1. 輸送モード検討項目

> 私たち企業は社会的な責任も負っているよね。例えば輸送を行っていく際の環境対策だ。CO_2排出量を削減することも輸送モード選択の1つの要素として考えたいね。

POINT

- 輸送手段のことを輸送モードと呼ぶ。それには自動車、航空機、鉄道、船舶の4つがある。
- 輸送モードの選択検討項目には「輸送コスト」「輸送リードタイム」「時刻遵守の正確さ」「安全性」「利便性」「環境性」がある。

利便性に優れる自動車輸送とリードタイム貢献に寄与する航空機輸送

　輸送モードの内最も身近で利便性の高いものが自動車輸送だ。自動車にはトラックやトレーラー、軽トラックやバンなどがあり、トラック以外の輸送手段もある。これが輸送の選択肢を広げることにつながる。トラックも、大きさやタイプなどさまざまなものがあり、選択の幅が大きく用途に見合った車両を見つけやすいことが嬉しい。

　では自動車のメリットは何だろうか。それは出荷元の戸口から納品先の戸口まで一貫して輸送できることだ。積んだら納品先に行って降ろすだけといったスピーディーなサービスは他の輸送手段の追随を許さない魅力的なものだ。輸送途上の積み替えが少ないということは荷傷みも少ないと推定される。結果的に包装が簡易なものであっても問題は発生しない。積み込み時刻や出発時刻、到着時刻などの柔軟性も高く非常に便利なものだといえよう。料金的には小中量品の中近距離輸送は割安だと思われる。狭い日本の中にあっては離島を除きどこにでも輸送できることも魅力の一つだろう。

　一方で弱点についても理解しておく必要がある。まずは事故だ。事故発生率は他の輸送手段に比べて高いといわれ、安全性にやや難ありと考えるべきだ。また道路上を走る自動車の大きさには限界があるため大量・重量品輸送にはあまり適していない。CO_2排出量が他の輸送手段に比べて多いことも弱点の一つだ。さらに長距離輸送の場合は運賃が割高になること、最近トラック運転者が高齢化し、担い手が減ってきていることなども注意すべき点だ。

　他方で、輸送スピードでは他の輸送モードの追随を許さないのがいうまでもなく航空輸送だ。荷物が少なく、高額の製品など多少輸送コストをかけても問題ないものを輸送するときに適している。距離的には長距離輸送に効果的だ。納入リードタイムを短縮できるため在庫削減にも寄

与できる。自動車と同様、損傷・紛失等の事故が少ないため簡易包装で済むメリットもある。

一方で輸送コストが高いことが一番の難点だろう。またあまり大きな貨物や重い貨物の輸送には適していない。空港は必ずしも積み込み場所や納品場所に近接しているとは限らない。このような場合には長所が生かせないこともあることに注意が必要だ。そして何よりもCO_2排出量が他の輸送モードよりも格段に多いため、環境負荷の大きいモードだと認識する必要がありそうだ。

種類	タイプ
トラック	小型トラック（2t・3tトラック）
	中型トラック（4tトラック）
	大型トラック（10tトラック）
トレーラー	セミトレーラー（けん引部分と合わせた、全体の長さは一般的には16.5m以下）
	フルトレーラー（けん引部分と合わせた、全体の長さが一般的には18m以下）
	コンテナトレーラー（海上コンテナを輸送する）
	タンクトレーラー（石油などの液体を輸送する）

図表1-2. 主要なトラック、トレーラー

POINT

- 自動車輸送は選択の幅が広く使い勝手もよい。
- トラック運転者の高齢化に伴う担い手不足が今後顕在化。
- リードタイムを重視するなら航空輸送の利用も考えられる。比較的高価で少量のものならメリットもある。

コストメリットのある大量輸送に適した輸送モード

　意外と使われていない輸送モードとして「鉄道」が挙げられる。鉄道輸送には次のようなメリットがある。

　当たり前だが軌道輸送だ。そのため天候に対する安定度は比較的高い。距離的に中・遠距離の輸送に適しており運賃も割安となる可能性がある。CO_2排出量は他の輸送手段に比べて最も少ないといわれ、環境負荷が小さい。

　デメリットもある。そもそも軌道はほとんどが旅客輸送と共用だ。そのためどうしても旅客優先になりがちで希望に沿った輸送ダイヤを組めないことが多くなる。当然人身事故があればストップするし、天災により被災すれば復旧に時間を要する。そして最大の課題として輸送に使用するコンテナをタイムリーに調達できない可能性があること。さらに鉄道単独では顧客まで輸送はできず、出荷場まで集荷に来てもらい、到着駅から顧客まではトラックで配送してもらわなければならないという端末輸送が必要となることも覚えておこう。

　もしリードタイム的に許されるのであれば使ってみたいのが船舶だ。海外との間は当たり前に使われる船舶だが、四方を海に囲まれる日本にあっては国内輸送の手段としても十分検討の余地はありそうだ。船舶輸送には次のようなメリットがある。

　鉄道と同様、自動車では運びきれない大量貨物を一気に運ぶことが可能だ。特に遠距離輸送ではコスト的にメリットがある。船舶にはカーフェリーがありトラック運転者の負荷を軽くすることも魅力だ。船舶にはRORO船というものがある。これはトレーラーが荷台を直接船内に運び込み、到着港で直接引き出すこと（Roll on Roll off）が可能なため荷役時間が短縮できる。海外との間をつなぐコンテナ船は港でクレーンによる荷役を行うため、同様に荷役作業を効率化できる。CO_2排出量は

鉄道に次いで少ないといわれ環境負荷の小さい輸送モードだといえる。そして何よりも輸送コストが割安であることが大きな魅力といえるだろう。

では船舶のデメリットは何か。まず後にも先にも輸送時間がかかることだろう。納品までのリードタイムが延びるので短リードタイムを求められる場合には不適だ。天候にも左右される。台風などが来れば欠航となり延着を余儀なくされる。また到着地の港から納品先が離れている場合には船舶輸送の長所が生かせない場合が考えられる。

このようにあまり一般的に使われていない鉄道輸送と船舶輸送だが実は最近になって導入検討を開始する会社が増えてきている。その理由は将来的なトラック運転者不足だ。トラックで輸送を行う際には必ず運転者が必要だ。運べる量はトラックの大きさで制約を受ける。一方鉄道や船舶では一度に大量の貨物を輸送することができる。

鉄道や船舶にも能力には限界がある。検討が遅れることで将来的にも使うことができなくなることが無いように今から導入について考えておくことをお勧めしたい。

検討項目	鉄道	船舶
輸送コスト	△	◎
輸送リードタイム	△	×
時刻遵守の正確さ	△	△
安全性	△	△
利便性	△	△
環境性	◎	○

図表1-3. 鉄道と船舶輸送の比較

POINT

- 鉄道や船舶は一度に大量の荷物を運べることが最大の魅力だ。
- 特に船舶は輸送コスト的にもメリットは大きい。
- 使いづらい点もあるが、将来的なトラック運転者不足対応として導入検討を始めることをお勧めする。

4 輸送コストの構成要素について理解する

　輸送コスト改善を行っていくにあたり輸送コストがどのような構造になっているのかについて知っておく必要がある。なぜならやみくもに手を打ったとしても有効な改善効果を得ることは難しいだろうからだ。まず輸送コストの公式を示しておこう。

　輸送コスト＝輸送価格×輸送距離×輸送物量

　つまり輸送改善を行う場合にはこの公式の右辺の各項目に対して手を打っていく必要があるのだ。それぞれについて確認していこう。まず「輸送価格」について。これが輸送をアウトソースしている場合の支払単価のことだ。運送会社に依頼すると提示される価格だがそれにはトラック1台チャーターしていくら、荷物を1トン運んでいくらのようなさまざまなタイプが含まれる。どのようにして単価ができていくのかについては後述したい。この単価は原則として荷主会社と運送事業者の間の交渉で決まる。
　次に「輸送距離」だ。これは運ぶ距離そのもののことである。自社の所在地が決まっており顧客の所在地が決まっていれば距離は何ともしがたいと考えがちだ。しかし近場の会社から調達したり、自社の構内で生産してもらったりすることは可能であり、実際に実施している会社があることも事実。頭を柔らかくして発想を変えてみることで距離の改善も十分可能だ。
　3つ目に「輸送物量」について。これは輸送する荷物のボリュームのことである。原則として大きい荷物、重い荷物ほど物量が大きいといわれる。この物量については荷主で決めるものだ。荷姿を決定するときに物量は決めることになるが、最近では物流コストを考慮した製品そのも

のの設計を実施している会社もある。このような取り組みを積極的に取り入れていきたいものだ。

　この3項に着目することが輸送改善へとつながる。まずこの事実を認識することだ。次にこれらの要素が自社において実際にどうなっているのかについて把握する必要がある。では取り急ぎ「輸送価格」について取引先との間で交わした料金テーブルを準備しよう。その中には「東京から大阪向け、10トン車1台、○○○円」とか「東京から名古屋向け、1㎥あたり○○円」といったいくつかの料金パターンがあることだろう。事前準備としてパターン別に価格テーブルを整理していこう。この作業はこれから実行する輸送改善への準備業務だが、作業過程で何かに気づくことが多々ある。例えば運送会社A社と運送会社B社で価格差があることがある。距離が遠いところより近いところの方が価格が高いことにも気づくことがある。そこで、これらの気づきを抽出し、今後の改善活動のネタとして保有しておこう。

　「輸送距離」について。輸送改善の究極は「運ばないこと」。この実現を目指したいところだが、まずは小さな気づきを得られるデータを準備しよう。この距離データは「From-To」、つまりどこからどこに輸送を実施しているかのデータになる。市町村レベル（政令指定都市では区レベル）で把握していこう。距離はkmで表す。例えば「発地：東京都江東区、着地：宮城県仙台市○○区、○○km」というように整理していく。ここでの気づきは最終ユーザーまで工場からそれぞれ配送しているものの、途中に配送センターを設けた方がコストメリットがあるのでは、という素朴な疑問かもしれない。意外に長距離を小さなトラックで輸送していることに気づくかもしれない。

　最後に「輸送物量」については荷姿データ（第2章参照）に基づき月間や年間など一定の期間での出荷量を乗じて物量を算出する。荷姿は最大の寸法で設定するために実際には「空気を保管」している場合がある。製品の大きさを認識すればそのような問題点にも気づくことだろ

第1章 輸送の全体像を理解しよう

う。また物量を把握してみると近場よりも遠いところへより多くの荷物を運んでいることにも気づく。わざわざ遠くの工場から納入するなどのおかしな状況にも気づくかもしれない。

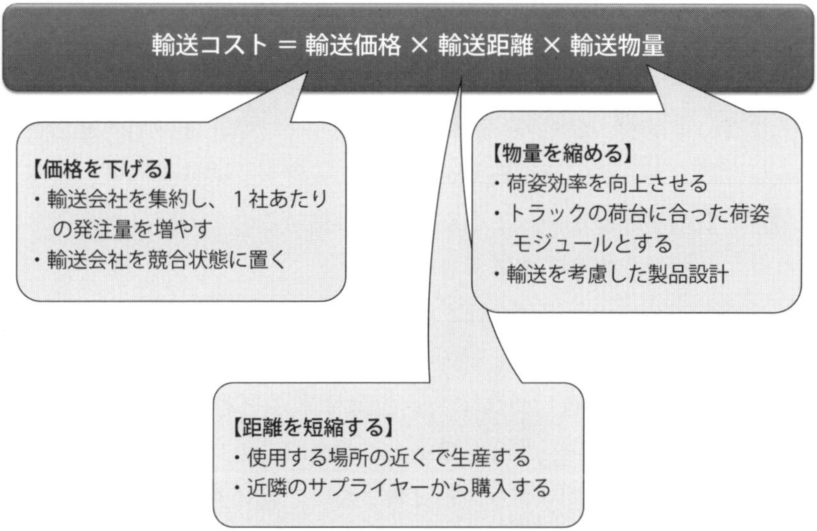

輸送コスト ＝ 輸送価格 × 輸送距離 × 輸送物量

【価格を下げる】
・輸送会社を集約し、1社あたりの発注量を増やす
・輸送会社を競合状態に置く

【物量を縮める】
・荷姿効率を向上させる
・トラックの荷台に合った荷姿モジュールとする
・輸送を考慮した製品設計

【距離を短縮する】
・使用する場所の近くで生産する
・近隣のサプライヤーから購入する

図表1-4. 輸送コストの構成要素

POINT

- 輸送コストの公式は「輸送コスト＝輸送価格×輸送距離×輸送物量」。
- この右辺の3項目を改善対象とすることを心がけよう。
- そのために3項目の基本データ調査を実施しよう。

5 トラック輸送価格の原価構成とサーチャージの考え方

　皆さんは物流事業者ではないので詳しい話は必要ないかもしれないが、運送事業者と交渉するにあたって基本的なことだけは知っておく必要がある。まず輸送原価構成について確認しておこう。輸送原価は運転者人件費、車両費、保険料、燃料・油脂費、修理費、その他の運送費で構成される。さらに一般管理費がかかるが人件費、人件費以外の費用、営業外の費用などがかかっている。輸送価格はこれらの費目を積み上げてそれに利益を上乗せして提示される。

　輸送を担ってもらう運送会社を決める行為は会社の購買行為に該当する。ということは本来ならば原価を知った上で行う仕事だろう。しかし大半の会社は特に原価（コスト）を意識することもなく結果としての「輸送価格（プライス）」だけを提示してもらうことになるだろう。相手の運送会社も原価を開示することは好まない。だからお互い内訳を確認しながら価格交渉をすることにはならない。ただし重要なことはこれらの要素が価格を構成していること、市況の状況によって価格交渉のタイミングを考慮する必要があること、市況が変われば輸送価格が変動する可能性があることを知っておくことだ。

　輸送原価の構成項目の中で一番大きな比率を占めるのが「運転者人件費」だ。最近運転者不足による輸送価格の値上げが話題を集めているがこの原価構成を頭に入れておけば値上げ幅の妥当性についても推測できる。購買担当者は価格の妥当性について検証する責務を負っている。提示された価格について「何となく高い」「何となく安い」では心もとないといわざるを得ない。

　よく燃料費の変動に応じたサーチャージを導入したいという話が出ることがある。これについても燃料価格の変動幅がわかればそれに応じて価格を上げ下げすることはリーズナブルであることがわかるだろう。

せっかくであるからサーチャージ制度の概要について説明しておこう。燃料価格は何かしらの参照価格を決定し、荷主・運送会社間で合意する。例えば資源エネルギー庁の統計情報を参照価格にすることが考えられる。何かしらの公平にジャッジできる指標にすることが望ましい。では燃料価格はいつからいつまでの間で変動したものを取引価格に反映したらよいだろうか。変動は1年ごと、半年ごと、四半期ごと、毎月などが考えられるが、四半期単位で行うことが業務負荷的にも妥当であると思われる。

例えば取引を4月から開始したとしよう。できれば取引価格の前提燃料価格を合意しておくことが望ましい。その価格と取引開始日の含まれる四半期（4月〜6月）の平均価格を比較してみよう。その差が一定幅（図表では10％とした）を超えたときに輸送価格を変動させる。その判断は7月に行うとすれば、実際に輸送価格を変えるのは次の四半期、つまり10月〜12月ということになる。同様に取引前提燃料価格と7月〜9月の平均価格の差については1月〜3月の輸送価格に反映する。10月〜12月については翌年度の4月〜6月の輸送価格に反映する。この繰り返しである。

輸送価格への反映の仕方の例として次の式を示しておく。もちろんこの式にこだわる必要はなく荷主と運送会社の間で決めればよい。ただし考え方としては燃料価格の変動に伴う「変動輸送価格」を算出し、取引開始時の輸送価格（基礎価格）に加減する方法が最もシンプルだ。あまり複雑な方式にすると長続きしなくなる可能性があるため注意が必要だ。

変動輸送価格＝基礎価格×燃料費比率×軽油価格変動比率
新輸送価格＝基礎価格±変動輸送価格（サーチャージ）

このような輸送価格の変動の仕組みは荷主会社にとっても運送会社にとっても公平なビジネスを行う前提となる。取引開始時に導入すること

をお勧めしたい。

◆変動価格算定式（フォーミュラ）の設定例

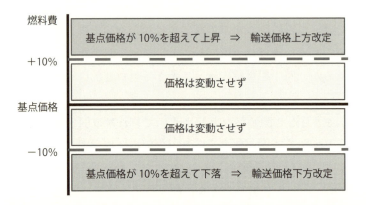

図表1-5. 燃料サーチャージの考え方

POINT
- 輸送原価の構成要素を知っておくことは輸送価格の妥当性を検証する際に必要になる。
- 燃料価格の変動に応じて輸送価格を変動させるサーチャージを導入することは公平なビジネスを行う上で重要である。

トラック運送事業の規制緩和と法令について理解しよう

　かつてトラック運送事業は免許制だったが、1990年に規制緩和の一環として「貨物自動車運送事業法」と「貨物運送取扱事業法」の物流2法に集約された。これを機に運送事業者の参入が飛躍的に増え、現時点では約63,000社がひしめく競争市場となった。

　このため輸送価格が大幅に下がった。運送会社と交渉すればその都度価格が下がるという状況が最近まで続いていた。

　「免許制から許可制へ」と変更になったことにより全国どこでも自由に混載輸送が可能となったのだ。自由認可基準としての最低車両保有台数も全国一律5台となった。つまりトラックが5台あれば事業が開始できるようになり一気に参入が容易となった。

　運賃については認可運賃制から事前届出制へと変更となり、これがさらに事後届出制へと変更された。

　この規制緩和は荷主会社にとっては輸送価格の低下という大きなメリットがあった。一方で運送事業市場が過当競争に陥り安全面の対応が後手に回っているのではないかとの指摘もある。

　つまりここで認識していただきたいことは輸送価格については原則として荷主と運送会社との間の相対で自由に決めることができること、そして安全や品質など価格以外の点で注意しながら発注先を決める必要があることだ。輸送コストを下げたいためについつい安い価格に飛びつきたくなるところだが、そこは冷静に相手の実力を見極めることが必要だ。これについては常に頭の中に入れておいていただきたい。

　運送会社との取引のための基礎知識として運送事業の種類について理解しておこう。貨物自動車運送事業法では事業を3つに区分している。1つ目が一般貨物自動車運送事業であり事業開始は許可性となってい

る。この事業は荷主を特定しないトラック運送事業を指す。2つ目が特定貨物自動車運送事業だ。事業開始は許可性だ。この事業は荷主を特定したトラック運送事業ということになる。もう1つが貨物軽自動車運送事業だ。事業開始は届出性となっている。軽トラックなどを用いた運送事業がこれにあたる。赤帽をイメージするとよいだろう。

さらに貨物利用運送事業法を根拠とした事業がある。この事業はフォワーディングを行う事業すなわち輸送機関を利用して貨物を取り扱う事業だ。

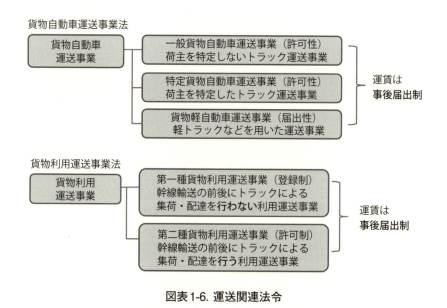

図表1-6. 運送関連法令

> **POINT**
> ● トラック運送事業は規制緩和の影響で63,000社がひしめく大規模市場になった。
> ● 記載緩和で輸送価格は下がったものの、安全面で後手に回っている会社もある。価格だけで取引先を決めることは避けよう。

7 トラック輸送価格の決定要素について知ろう

　輸送価格はどのようにして決まるのか。まずトラック1台をチャーターする際に適用される貸し切り運賃について見ていこう。この貸し切り運賃はトラックの大きさと走行距離か時間のいずれかで決まる。

　例えば4トン車で100kmとか10トン車で200kmのようにトラックの大きさと距離で輸送価格（貸し切り運賃）が決まるケースが1つ。もう1つが4トン車で4時間とか10トン車で8時間というようにトラックの大きさと時間で輸送価格が決まるケースがある。

　これが基本となるがこの運賃に別途価格が付加される場合もある。例えば深夜割増や休日割増の価格である。

　さらに実費として付加されるものがある。例えば有料道路利用料やフェリーボート利用料、端末荷役を依頼した場合の荷役作業料などがこれにあたる。

　次に積み合わせ運賃について見ていこう。積み合わせとはその名の通り複数の会社の荷物を積み合せて輸送することを指す。何で輸送価格が決まるかというとファクターは2つ。荷物の大きさと輸送距離だ。積み合わせの輸送価格でも一部例外的に割増が適用される場合がある。

　実際の価格はあくまでも荷主会社と運送会社の相対で決まるので、必ずしもこの考え方の通りとなっているとは限らないことを付け加えておこう。

　チャーター輸送価格の場合、長いトレンドで見ると下がり傾向にあった。これはどこの運送会社でも比較的容易にできる業務であり競争原理が働いた結果であると推定される。一方で積み合わせ輸送価格は比較的変動が小さい。この1～2年を見ると両者ともにやや上昇傾向にあるが、これはトラック運転者不足に端を発する値上げが影響しているもの

と推定される。

距離制の基本計算式
⇒ 車種（2トン車、4トン車等）× 距離帯（50kmまで、100kmまで等）

割増分〈例〉
・悪路（三割増）
・冬季（二割増）
・休日（二割増）
・深夜（三割増）
・早朝（三割増）

実費分〈例〉
・有料道路利用料
・フェリーボート利用料
・荷役作業料

実生活ではタクシーをイメージするとわかりやすい。

図表1-7. 貸し切り運賃の仕組み：距離制の例

積み合せ運賃の基本計算式
⇒ 重量帯（10kgまで、20kgまで等）× 距離帯

重量の認識
容積を換算した重量と実際の重量の内、大きい方をとる。

重量の認識例
・1m³⇒280kg
・2.5m³⇒700kg
実際の重量が100kgであっても700kgと認識する。

実生活では路線バスをイメージするとわかりやすい。

図表1-8. 積み合わせ運賃の仕組み

POINT

- 貸し切りトラックはタクシーのようなもの。価格は原則としてトラックの大きさと距離または時間で決まる。
- 積み合わせトラックは路線バスのようなもの。価格は原則として荷物の大きさと距離で決まる。

第1章　輸送の全体像を理解しよう

8　物流子会社について

　皆さんの会社の中には物流子会社を持っている会社もあることだろう。メーカー系に多いが親会社の名前の一部を社名に入れ、○○運送とか○○物流といった会社のトラックを目にすることも多い。この子会社としての物流会社について考えてみたい。

　図表1-9をご覧いただきたい。これも日本ロジスティクス協会の調査データであるが、その会社の物流コストの支払先を示している。積み重ねグラフの上のデータから物流専業社への支払分、物流子会社への支払分、自社物流分ということになっている。注目していただきたいのが物流子会社に対する支払分である。1996年に23.1％を占めていたが、20年後の2016年にはその比率が11.1％と半減している。これは何を物語っているのか。それはこの10年の間で物流子会社を物流専業社に売却する

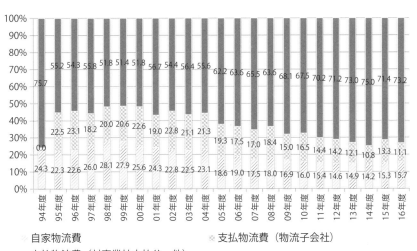

出典：JILS「物流コスト調査報告書」（2016年度）

図表1-9. 支払形態別構成比の推移

流れが加速したことによる影響が出ていると考えられる。名だたるメーカー系の物流子会社が物流を専業とする事業者に売却されたのだ。直近の2016年では物流専業社への支払いが73.2%にも及ぶ。一方自社で物流を行う自家物流の比率も15.7%へと落ち込んでいる。

　何が正しいのかという話はとりあえず置いておき、物流子会社について考えてみたい。この10年間でなぜ物流子会社は売却されたのか。1つの要素としてその会社にとって物流は本業ではない、という考え方があると思われる。物流の関心度とも関りがあるかもしれないが、物流に割く資源はもっと本業であるモノづくりに投下したいと考えている可能性がある。

　もう1つの要素としてその物流子会社の親会社に対する貢献度が挙げられる。会社によって考え方は違うかもしれないが、物流子会社は親会社に物流面で大きな貢献をすることが求められるはずだ。その貢献の方法はいろいろある。物流専業社が提示できないような魅力的な価格を提示すること。同じく物流サービスを提供すること。物流戦略面でプロらしい提案ができること。本来であればこのような前向きな貢献ができることにこそ物流子会社の存在意義がある。実際のところ人材の受け皿になっているケースも多々あるが、これも1つの貢献であることは間違いない。

　しかし一方で「お荷物」になってしまっている会社があることも事実。そのような会社の特徴としては以下のようなことが挙げられる。

- 親会社は子会社に発注することが当然であり、他社に発注することなどもってのほかと考えている。
- なかなか利益を上げられず赤字体質から脱却できない。
- 親会社からの出向社員とプロパー社員の仲が悪い。

　このような物流子会社が売却の対象になりがちだが少し待っていただきたい。このような体質の会社になってしまった要因は親会社にあると

考えることが自然だ。つまり子会社マネジメントができていなかった結果が今の体質になっているだけなのではないだろうか。

　今子会社を売却しようと考えている会社は少し立ち止まって考えてみることをお勧めする。なぜならば今後は輸送業務を中心に、ほぼ確実に担い手が減っていくから。輸送能力の奪い合いになった時に確実に運べる一定の力は確保しておくべきだ。さらにオペレーション力だけではなく物流企画力についても子会社に持たせることを考えてみてはどうだろうか。本業に注力するあまり周辺知識を十分に保有できていない会社も多い。それならば物流子会社にそれを補ってもらい、物流マネジメントのセンターになってもらう方法もありだ。

　まずは今保有している物流子会社の立ち位置を明確にすること。これは子会社戦略の一環として取り組むこと。それが定まったらオペレーション能力と物流マネジメント能力を確保すべく取り組むこと。これが今後の物流リスクマネジメントそのものにもなるのではないだろうか。

POINT

- 物流子会社に対する支払比率はこの20年で半減している。
- 今後のリスクマネジメントとしての物流子会社戦略は重要。
- 物流子会社にはオペレーション能力と物流マネジメント能力を身につけてもらい貢献してもらえるようにしていこう。

今、輸送の現場で起きていること

　国土交通省と厚生労働省は「トラックドライバーの人材確保・育成に向けて」という報告書を平成27年に発表している。この報告書から読み取れるのは、1つ目にトラック運送事業者のほとんどが中小事業者であり、荷主に比べて立場が弱く、手待ち時間の負担を押し付けられている、また適正な運賃収受がなされていないといった環境がある、ということ。2つ目にその結果、トラック運転者の労働環境は長時間労働であり、かつ給料も低い状況にあるため、運転者不足が懸念される、ということだ。

　まず私たちが知っておかなければならないのが「トラック業界の労働環境」だ。下表をご覧いただきたい。これは厚生労働省の「賃金構造基本統計調査」を基に作成したものだが、先ほどの国土交通省の認識を裏付けるものだといえよう。このデータから明らかにトラック運転者は長時間労働であり給料が安いことがわかる。

　さらに深刻な問題点について認識しておこう。それはトラック運転者の年齢構成だ。道路貨物運送業就業者の全体に占める高年齢就業者の割合は、全産業平均に比べると低い一方、全産業平均に比べ、若年就業者の割合が低く、その差は拡大傾向にある。

　この傾向は簡単には変わらないだろう。そうなると年々トラック運転者の平均年齢が上がっていくことになり、それに伴い輸送の担い手が減少していくことは明らかだろう。国土交通省も中長期的に、高年齢就業者の割合が急速に高まる一方、若手・中堅層が極端に少ないといった年齢構成の歪が顕著となる懸念を抱えている。

　私たちはこの事実を理解した上で採るべき対応を考えなければならないだろう。

	道路貨物運送業 （大型）	道路貨物運送業 （中小型）	全産業
所得額	422万	375万	480万
労働時間	2592時間	2580時間	2124時間
平均年齢	46.5歳	44.7歳	42.1歳

トラック業界の労働環境

第2章

荷量把握のための物流データを準備しよう

もしかして物流管理をカンコツ度胸のKKDで行っていないか？そんなことでは的確な輸送コスト削減にはつながらないぞ。荷量をきちんと把握するための物流データの整備について学んでいこう。

1 物流を数字で示す重要性と荷姿データ

　物流の弱点、それは仕事の実態を数字で示せないことだ。これは今に始まったことではない。皆さんの会社だけの特殊なことでもない。残念なことではあるが物流全体にいえることだ。特に皆さんが属する製造業ではほとんどの業務に関して数値化して判断していることだろう。日々の不良件数やその比率、生産遵守率や労働生産性、材料歩留まり率など毎日生産活動を行なう中でさまざまな数字が出てきていることと思う。そしてそれらの数字をグラフ化し、見える化しながら管理を行っている。このスタイルでの管理は特に違和感を覚えることもなく実行されているはずだ。

　では物流ではどうか。工場の中での運搬を見てみよう。今日の運搬量はどれくらいだろうか。それに要する工数は？運搬作業者の労働生産性は？供給不良の比率は？そもそも物流管理ボードは工場の中に設置されているだろうか。もしかしたらこれらの問いに答えられない会社が多いかもしれない。繰り返しになるが皆さんの会社だけの現象ではない。これは物流の生い立ちに起因している可能性がある。プロローグでも記した通り日本では物流に対する認識が極めて低い。ロジスティクス、すなわち前線に必要な物資と情報を的確に届けることで戦を有利に進めること。日本が大戦に敗れたのもこの機能が不十分であったからだといわれている。戦うことにすべての勢力を注入しても、それを支える補給などのサポート行為には無頓着で戦う前に勝負は決まったようなもの。つまり昔から日本は物流に無頓着であったと考えられる。

　今の物流の実態はその歴史の延長にあると考えることもできる。しかし私たち製造業は東南アジアの国々が背後に迫ってきていることを認識すべきだ。このままではもしかしたら彼らに追い抜かれてしまうかもしれない。そうならないためにも今一度物流に意識を向けて改善に取り組

んでいきたいところだ。

　物流の実態を数字で示すために必要となるのが物流諸データだ。輸送コスト改善ではどうしても必要となるデータについて認識していこう。
　物流コストは物量で決まる性質のものだ。量が多ければコストもかかる。一方で運送会社には物量を多く発注すれば単位当たりの輸送コストは一般的に下がる傾向にある。したがってまず物量をきちんと把握することが必要になるのだ。ではどのようにして物量を把握するのか。物量把握の基礎データとして荷物の寸法と重量が必要になる。荷物の寸法とは箱であれば箱の縦寸法、横寸法、高さ寸法のことを指す。通称3辺寸法と呼ばれるものだ。箱でない荷物もある。この場合はその荷物の最大寸法を測定する。縦方向、横方向、高さ方向で一番出っ張った部分で寸法を測る。このようにして自社で輸送する製品についての「荷姿」ごとのサイズを把握することができる。この3辺寸法を掛け合わせることでその荷姿の容積を算出することができる。これが輸送時に重要なデータとなるのできちんと整備していきたい。
　同時に荷姿単位の重量を把握する。荷姿重量は製品の重量と箱などの容器の重量の合算値である。例えば1kgの製品が10個入った荷姿の場合、容器の重量が2kgだとすれば荷姿重量は12kgということになる。その荷姿のサイズが縦0.5m、横0.4m、高さ0.3mだとすれば0.06㎥ということだ。この重量と容積が物量計算には欠かせないデータになるわけだ。

　皆さんは過積載という言葉をお聞きになったことがあるだろう。これはトラックの保有能力以上に荷物を積載することを指す。輸送事業者の責任範疇だが、積載を無理強いした場合には発注した荷主にもその責任が及ぶ。自社の荷物をどれだけ積んだら過積載になるのかを知らないということは許されない。コンプライアンスの観点からも荷姿データは把握していなければならない。
　ではなぜ重量と容積の両方のデータが必要となるのか。トラックは重

量的能力と容積的能力の両方を持ち、そのいずれもが目いっぱい活用できていることが望ましい。その際にトラックの保有能力の内どこまで活用できているかについて計算する際に必要となるからだ。後で詳しく解説するが重量的積載率と容積的積載率を計算し、輸送効率を判断する際にこの両方のデータが必要になるのである。

荷姿データの例を**図表2-1**に示してあるので参考にしていただきたい。

製品番号	縦寸法 (mm)	横寸法 (mm)	高さ寸法 (mm)	SNP	荷姿重量 (kg)	容器タイプ
HR286LL	1100	1300	720	24	162	鉄製A
HM310JE	1100	1300	400	12	111	鉄製B
HM210JC	750	1300	400	18	130	鉄製C
KT315XV	300	220	100	10	15	プラスチックD
KW286XX	280	190	135	12	12	プラスチックE
NU330JC	320	250	150	20	15	ダンプラF
NW220JA	320	250	300	36	18	ダンプラG

図表2-1. 荷姿データ

POINT

- 物流の最大の弱点は仕事の実態を数字で示せないことだ。
- 日々の生産活動では数値化できるのに物流ではできないことはおかしいことだと認識しよう。
- まずは荷姿寸法と荷姿重量のデータを整備しよう。これがすべての物流改善の原点となる。

容器のデータの整理と個当たり物流データの作成

　製品を出荷するときには決められた容器に入れることが多い。この容器を何度も使うことにより包装資材コストを低減することができる。繰り返し使用できる容器のことを通称「通箱（かよいばこ）」と呼ぶ。製品を入れて得意先まで運び、製品使用後空になった容器は回収して次回の出荷に使うことになる。

　空になった時に圧縮できる容器は何かと物流上の効率化に貢献できる。例えば折りたたむことによって容積が5分の1になったとすれば折り畳みが不可能な容器に比べ輸送できる量が5倍になる。保管エリアも理論的には5分の1になる。実際の運用上は必ずしもこの通りにならないまでも効率化が図られることは間違いない。

　そこでこのような容器の特性も記したデータを整備しておきたい。容器の材質、寸法、折りたたみ時寸法、重量などの諸データを整理し**図表2-2**のようにまとめ管理できるようにしておこう。

　荷姿には製品が1個だけ入っている場合もあれば複数個入っている場合もある。1ダースといえば12個入りを指す。そして大抵入り数は特定されているものだ。この入り数のことをSNP（Standard Number of Package）と呼ぶ。先の例では10個入りの荷姿の重量が12kg、容積が0.06㎥であった。この時の個当たり物流データはどうなるかというと、個当たり荷姿重量は1.2kg、個当たり荷姿容積は0.006㎥ということになる。

　日常業務を行う中で個当たり物流データを保有していると何かと管理しやすい。今の例で考えてみよう。製品を日当たり3000個出荷するとその時の物量は3600kg、18㎥と容易に算出できる。工場では生産量を管理する単位が「個」である場合や「台」である場合が多いと思われ

る。そこでその単位に合わせて管理が可能な物流データを保有することをお勧めする（**図表2-3**）。そうすることによって生産計画が決まれば物量がすぐに計算できる。物流管理も容易にできるようになり、管理水準の向上にもつながるだろう。

容器タイプ	縦寸法 (mm)	横寸法 (mm)	高さ寸法 (mm)	容器重量 (kg)	圧縮タイプ	圧縮時高さ (mm)
鉄製A	1100	1300	720	85	折り畳み	220
鉄製B	1100	1300	400	60	折り畳み	220
鉄製C	750	1300	400	55	折り畳み	220
プラスチックD	300	220	100	2	圧縮不可	ー
プラスチックE	280	190	135	2	圧縮不可	ー
ダンプラF	320	250	150	1.5	折り畳み	50
ダンプラG	320	250	300	2	折り畳み	75

図表2-2. 容器データ

製品番号	縦寸法 (mm)	横寸法 (mm)	高さ寸法 (mm)	SNP	個当たり容積 (㎥)	個当たり重量 (kg)
HR286LL	1100	1300	720	24	0.0429	6.75
HM310JE	1100	1300	400	12	0.0489	9.25
HM210JC	750	1300	400	18	0.0217	7.23
KT315XV	300	220	100	10	0.0007	1.50
KW286XX	280	190	135	12	0.0006	1.00
NU330JC	320	250	150	20	0.0006	0.75
NW220JA	320	250	300	36	0.0007	0.50

図表2-3. 個当たり物流データ

POINT

- 容器は輸送で必ず必要。容器データについても整備しよう。
- 荷姿データを使って個当たり物流データを作成しよう。これがあれば生産数量によって必要な物流エリアの計算や荷量計算が容易にできる。

物流データを活用してみよう

　個当たりデータがわかればそれに量を乗じることで容易に物量が算出できる。**図表2-3**の個当たり物流データを例に計算をしてみよう。各製品の出荷個数を次の通りとする。

・HR286LL　　480個
・HM310JE　　480個
・HM210JC　　540個
・KT315XV　　200個
・KW286XX　　480個
・NU330JC　　200個
・NW220JA　　360個

　すでに個当たり物流データが整備されているのでそれぞれの出荷物量を容積と重量で簡単に計算することができる。計算結果は**図表2-4**に示した通り、合計値で容積34.57㎥、重量8,855kgということになった。

　このように物流を数字で示すことによる効果は大きい。まず容積34.57㎥という数字から、1m四方の立方体が35個並ぶイメージが想像できるだろう。このボリュームを一回で出荷するためにはこれだけの荷揃えエリアを工場の中に確保しなければならないことを意味する。仮に高さ4mまで積み重ねが可能だとすれば、34.57㎥÷4mで8.65㎡の置場面積が必要だということがわかる。実際には容器同士の積み重ねができないケースや取り回しの通路、容器間の多少の隙間等を考慮すればこの面積の1.5倍から2倍のエリアが必要になってくる。

　またこれを同一顧客に一回で運ぶためには10トン車1台がふさわしいということもわかる。メーカーによって多少異なるものの架装していない10トントラックでは容積的に約53㎥、重量的に約10トンの荷物を積載することができる。今回の事例では容積的積載率が約65％、重量的

積載率が約89％となりそこそこの効率での輸送が可能だ。なお積載率についての詳細については後述したい。

　先ほどの荷揃えエリアを計算するやり方と同じ方法で物流エリア計算を実施しよう。多くの工場では物流は「空いたエリアで何とかしろ」といった無茶な指示を受けることが多いと聞く。これも物流に関心の無いことの表れだと受け止められる一方で、今まで物流が理論的に必要とされるエリアについて説明できてこなかった結果だとも考えられる。
　しかしもう荷姿データをベースとした物流データを持つことができた以上、それで理論的必要エリアを算出しその分を工場内で確保してもらうように働きかけることが可能となる。各製品でどれくらいの在庫を保有するのかがわかれば後は計算すればよい。空容器の保管エリアも圧縮時の容積がわかるので、それを使って計算する。
　計算で出た結果はあくまでも正味の保管容積に過ぎない。容器同士の積み重ね可否や取り回しエリアなどは係数として乗じることを忘れずに。特にフォークリフトを使った荷扱いではその旋回エリアが必要となるので注意が必要だ。

　個当たり物流データと出荷個数を使って出荷物量が計算できたらその

製品番号	SNP	個当たり容積 (㎥)	個当たり重量 (kg)	出荷量	出荷容積 (㎥)	出荷重量 (kg)
HR286LL	24	0.0429	6.75	240	10.30	1,620
HM310JE	12	0.0489	9.25	240	11.74	2,220
HM210JC	18	0.0217	7.23	540	11.72	3,905
KT315XV	10	0.0007	1.50	200	0.14	300
KW286XX	12	0.0006	1.00	480	0.29	480
NU330JC	20	0.0006	0.75	200	0.12	150
NW220JA	36	0.0007	0.50	360	0.26	180
合計					34.57	8,855

図表2-4. 出荷量の計算

第2章　荷量把握のための物流データを準備しよう

データを運送事業者に提示して輸送の発注をかけよう。運送事業者が配車を行うときに最も重要となるのがこの出荷物量のデータである。通称荷量とも呼ばれトラック配車の基礎データとなる。ここで生きてくるのが「容積データ」と「重量データ」である。特に重量データは過積載防止に役立つのでコンプライアンス上も非常に貴重なデータだ。

この荷量データを掴んでおくことで無駄な配車が無いかどうかをチェックすることも可能となる。車建て契約を行っていた場合には荷量を調整することで常に効率の良い配車を行うこともできる。

過積載にならないことをどうやって担保しているの？　物流データの中に重量データを整備して、それを使って積載重量を確認しよう。過積載を回避することも工場の出荷担当者の責任だからね。

POINT

- 個当たり物流データを使って物量を容積と重量で計算してみる。
- 同様にエリア計算と輸送発注データを計算してみよう。
- 荷量データを把握しておくことで配車の効率も判断できる。

トラガールは救世主となるか

　運送業界でも女性活用を真剣に考えている。それが「トラガール」だ。
　トラックを運転する女性たちということからこのネーミングとなった。国土交通省では「トラガール促進プロジェクト」を立ち上げ、女性活用の推進を進めている。
　トラガール促進プロジェクトのデータを見てみると、全産業における女性の比率は43.0%だ。これに対して道路貨物運送業における運転者は2.4%に過ぎない。ちなみに運送業と同様人材不足と高齢化に悩む建設業では14.9%だ。つまりこの数字を見る限り、運送業における女性活用はまだまだであり改善の余地が大きく残されていると考えられるのだ。
　図に大型免許保有女性総数と営業用大型貨物運転女性数のデータが示す。このデータから免許を保有しながらそれを活用している人はわずか6%であることが読み取れる。つまりこのことから女性運転者のオポチュニティーが十分に残されていることがご理解いただけただろう。
　ここで例示した建設業であるが運送業と同様に女性活用について取り組んでいる。トラガールと同様に「けんせつ小町」というニックネームをつけて女性社員の採用を増やしているようだ。運送業よりも早く取り組みを開始した結果が女性比率にも表れていると推測される。

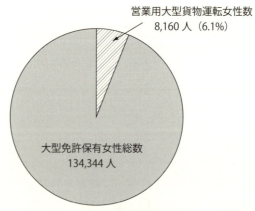

出典：国土交通省「トラガール促進プロジェクト」

大型免許を持っている女性の活躍状況

第3章

輸送の問題点を見える化しよう

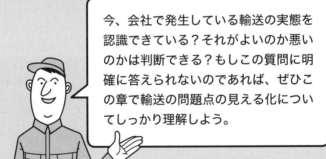

今、会社で発生している輸送の実態を認識できている？それがよいのか悪いのかは判断できる？もしこの質問に明確に答えられないのであれば、ぜひこの章で輸送の問題点の見える化についてしっかり理解しよう。

1　物流を数字で示す重要性と荷姿データ

　繰り返しになるが、物流の弱点は仕事の実態を数字で示せないということだ。多くの会社にいえることだがこれについては物流データを作成することで大部分が解消される。今がどうであれ気にせずに物流データの作成を進めていただきたい。実は物流を数字で示せないことと同様、いやそれ以上に困ったことがある。それはずばり「物流の問題点が見える化されていないこと」だ。物流自体を気にも留めていない会社ではなおさらだ。

　見える化の前にやることは物流を認識することだ。物流というと何か難しく感じるかもしれないので「モノの動き」に注目してみよう。第一歩は工場の中でのモノの動きについて見てみることだ。納入トラックが到着したところでどのようにモノは動かされているか。多分次のような動きが見られることだろう。

- ・トラックの荷台にある荷物をフォークリフトで取る
- ・荷物を指定置場（荷降ろし場）まで運搬する
- ・指定置場に荷物を降ろす

　引き続き荷物の追跡をしてみよう。今度は工場内での物流作業が見えてくる。

- ・荷降ろし場から任意の荷物をフォークリフトで取る
- ・荷物を保管場まで運搬する
- ・保管場の指定された場所に荷物を降ろす

今度は保管場の中のモノの動きを見てみる。

・荷物の中から指定部品を選択し指定場所からフォークリフトで取る
・指定部品をピッキング場へ運搬する
・ピッキングするポイントに部品を降ろす

次はピッキング場の中でのモノの動きを見てみる。

・部品の入った容器から供給用の容器に部品を入れ替える
・供給用容器を指定場所に移動する
・残部品の入った容器をフォークリフトで取り
・元の保管場まで運搬する
・保管場の指定置場に降ろす

いよいよ生産ラインへ供給することになる。その作業におけるモノの動きは次のようになるだろう。

・供給用容器を台車に積み込む
・牽引車で台車を生産ラインまで運搬
・生産ラインで供給用容器を指定場所に投入

生産ラインでさらに届けられたモノの動きを見てみると以下のようになる。小さいモノの動きではあるがこれも物流であることを認識したい。

・供給された部品を取り
・生産設備に投入

いかがだろうか。第一歩として工場の中でのモノの動きについて確認

してみた。1つの部品に限ってみてもこれだけの動きがあることに驚かれたのではないだろうか。生産に必要な部品点数だけ同じような動きをしているはずだ。そしてこの動きのために資源が必要であることにも注目したい。

例えばトラックから荷物を降ろす際に必要となるものがフォークリフトだ。フォークリフトを動かすためには資格を持った作業員が必要だ。そしてフォークリフトの燃料であるLPGも必要だ。雨天時に荷降ろしをする際に雨濡れしないように工場には庇が必要。工場内では部品を保管するスペースが必要。荷物を保管するラックが必要になるかもしれない。生産ラインへ供給するための容器と台車、牽引車が必要。生産工程では供給部品を投入するラックが必要。簡単に挙げただけでもこれくらいの資源が物流には必要になるのだ。

まずはこのようなことを認識することからスタートしたい。そしてできればこの実態を見える化したいところだ。そこで取り組みたいことが3つある。1つ目は工場内レイアウト図に先ほど調べた部品の動きをプロットすること。運搬は通路上に矢印で示していくことで、ピッキングなどの作業はその場所に「ピッキング」「供給」のようにキーワードを記すことで物流チャートができ上がる。

2つ目はその中に必要となる資源を書き加えること。フォークリフト2台、物流作業員3名、供給台車2台、物流エリア200㎡など。

3つ目はそのチャートを関係者で共有することだ。この共有が重要なのだ。なぜなら今までこのようなモノの流れ、つまり物流について詳しく認識することがなかっただろうから。これは物流自体を気にも留めていなかった会社では驚きになるかもしれない。でもこのショックこそが物流改善への動機づけになるのだ。

第3章 輸送の問題点を見える化しよう

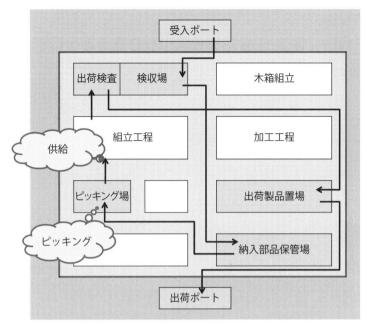

図表3-1. 工場内物流チャート

	内容	所要
設備	フォークリフト	2台
	牽引車	1台
	供給台車	2台
モノ	供給用ラック	4間口
	供給用容器	20個
	保管用ラック	12間口
人	物流作業員	2名

図表3-2. 必要資源

POINT

- 物流を数値化できないことと並んで問題なことは「物流の問題点が見える化されていないこと」。
- 見える化の第一歩として工場の中でのモノの動きについて見てみよう。
- 見えてきたモノの動きをチャート化し関係者で共有してみよう。

2　物流5機能プラスワンで見える化してみよう

　物流を認識できたところで今度はもう少し深堀してみよう。前に説明した「物流5機能」でモノの動きを分類してみる。ちなみに復習ではあるが物流5機能とは「輸送・保管・荷役・包装・流通加工」だ。これに「情報」が加わり物流5機能プラスワンということになる。

　工場ではモノづくりにおける4M、つまりman（人）material（モノ）machine（設備）method（方法）の4つの視点から見ていくとわかりやすい。そこでまず「人」の視点から深堀してみよう。納入トラックが到着すると荷降ろし作業が必要だ。フォークリフトを使って荷降ろし場に荷物を降ろしていく作業は「荷役」に分類される。荷降ろし作業のために2名の作業員を要していたとしたら図表3-3の用紙（機能別分類表）にその旨記入する。荷降ろしされた荷物は指定保管場までフォークリフトにて運搬される。これも「荷役」だ。運搬作業員は3名いたとしたらその旨記入する。保管場で在庫管理を行っている作業員が2名いたとしたら同様に記入。以下流れは同じなので用紙に事実を記入していっていただきたい。

　次に「モノ」の視点だ。トラック荷降ろしに関わるモノとは何だろうか。例えばフォークリフトの燃料であるLPGがある。荷役作業時の安全保護具としてヘルメットと安全靴、軍手が挙げられる。これらはいずれも荷役に付随して必要となるものだ。同様にモノの流れに沿って見ていくと、保管場では納入部品などの荷物を保管するためのラックがある。この目的はいうまでもなく保管だ。納入時に部品が入っていた容器が空の状態で見つかる。これは物流の機能から見ると包装に該当する。納入部品の品質を損なわないために必要な機能だ。ピッキング場では供給用の容器（機能的には包装）、オーダー端末で使用する用紙（機能的には荷役）などがある。これらについても最終工程までをよく観察して

第 3 章　輸送の問題点を見える化しよう

記入していこう。

　次は「設備」だ。物流でなくてはならない設備としてフォークリフトが挙げられる。トラックポートの上を見れば雨除けの庇がある。これらは何で必要なのかといえば荷降ろしという荷役のためである。納入品について検収を行うための情報端末やモニターも物流関連設備といえるだろう。機能的には情報だ。ピッキング場に行くとピッキング指示情報端末がある。これも同じく情報機能の一環だ。供給時にはエラーを防止するためバーコード照合を行っていればハンディーターミナルが必要になる。これは荷役精度をサポートするために必要であり、荷役機能に分類しよう。もちろん供給のために運搬に使う牽引車やラインサイドのからくりなどの簡易設備もあるかもしれないがいずれも用途は荷役だ。

　最後の「方法」について。工場における物流はどのようにして納入部品を受け入れ、保管やピッキング、供給を行うかといった物流作業のやり方のこと。部品納入時の荷降ろしは「フォークリフトを使った荷降ろし」という荷役を行う。保管場では固定ロケーションで在庫管理を行いながら保管する。ピッキングはオーダー端末から出力される「ピッキング指示リスト」に従って荷役作業を行う。供給は牽引車と台車を使って生産ラインまで運搬（荷役作業）を行う。このような1つひとつの作業のやり方について5機能プラスワンで分類していく。

製品番号	物流工程	輸送	保管	荷役	包装	流通加工	情報
人	トラック運搬	○					
	部分組立					○	
モノ	供給容器				○		
	端末用用紙			○			
設備	フォークリフト			○			
	オーダー端末						○
方法	ピッキング			○			
	在庫保管		○				

図表3-3. 機能別分類例

意外と4Mのいずれにおいても「荷役」が多かったと感じることだろう。それもそのはず。工場内における物流のほとんどは人手において行われているため、物流機能分類ではどうしても荷役に偏ってしまう。できれば皆さんにはこの荷役をもう少し細分化し、「運搬」「供給」「ピッキング」くらいのメッシュで見ていくことをお勧めしたい。いずれにしてもこのようにして分類していくことでさらに物流が見える化されていくことは間違いない。この機能別分類表を作成する過程に意義があることを知っていただきたい。なぜなら作成していくことで皆さんの頭の中が整理されてくると思われるからだ。

> 物流5機能プラスワンの視点で業務を見て行けば、輸送以外の物流についても現状を把握することができるんだね。会社の物流の全体像を把握するにはうってつけのやり方だね。

POINT
- 物流5機能プラスワンと4Mを使って見える化を進めてみよう。
- 結果を機能別分類表にまとめることで頭の中が整理されてくる。

3 輸送を見える化する重要性

　工場にはモノが入ってきて生産されて出ていく。これが当たり前のモノの流れだ。ここで重要なことはこの中に大きく分けて3つのプロセスがあるということ。つまり①モノが入ってくる、②生産される、③出ていく、この3プロセスに分けて輸送の関りを見ていく必要がある。

　まず「①モノが入ってくる」プロセスについて。ここでいうところのモノとは生産に必要な部品や資材（部品など）が大半だろう。これらは直接製品に加工されるもので直接材に分類される。それ以外には生産に必要ではあるが直接製品にはならない切削油や梱包資材などの直接材以外のものが挙げられる。これらはいずれも輸送されて納入される。ちなみに近年のグローバル化に伴い、部品などをグローバル調達することが増えてきている。その際の輸入に際しても海外から日本までの輸送と港から工場までの輸送があることを忘れてはならない。これらの輸送は調達物流の一環として必要になる。

　次に「②生産される」プロセスについて。生産の過程で輸送なんて必要だろうか、こう思われる方もいらっしゃるかもしれない。しかしよくあるパターンとして第1工場で加工を行ったものを第2工場まで運搬して組立を行うという、建屋間運搬がありこれをトラック輸送するケースがある。もちろん工場自体が地理的に離れている場合には輸送は避けられない。三重工場で加工を行った後、名古屋工場で組立を行うようなケースだ。意外と見落としがちなのが協力会社での生産だ。例えば工場の熱処理設備が能力オーバーで協力会社に委託するような場合が考えられる。いったん部品などを協力会社まで輸送し、熱処理完了品をまた自社工場まで輸送するパターンだ。これに類似したものに金型や設備の補修を工場外で行うケースがある。この場合も同様に自社から金型などを搬出する際の輸送と、戻しの輸送が発生している。

最後に「③出ていく」プロセスだ。これは比較的わかりやすいかもしれない。なぜなら顧客に運ぶためには間違いなく輸送が必要になるからだ。これを販売物流と呼ぶ。もちろん顧客が海外にいることも今や常識になってきたので輸出に関わる物流、つまり工場から港へ、港から海外までの輸送についても忘れてはならない。

この中で一つ大切なことに触れておこう。それは何かというと輸送の発注主が誰かに関係なく輸送を見える化することが必要だということだ。具体的にいうと「①モノが入ってくる」ところの輸送は多分皆さんの会社では手配していないだろう。この輸送はサプライヤーが手配しているからだ。ただしその分のコストは部品費として間接的に支払いをしている。まずは輸送の実態を認識することだ。それも漏れなく。まずは**図表3-4**のように3プロセスで整理をしていこう。

プロセス	発生している輸送例
①モノが入ってくるプロセス	サプライヤーからの部品輸送
	海外サプライヤーからの輸入輸送
	資材メーカーからの梱包資材輸送
②生産されるプロセス	加工工場から組立工場への輸送
	協力会社への中間品輸送
	自社他工場への半製品輸送
③出ていくプロセス	国内顧客への製品輸送
	海外顧客への製品輸出輸送
	サプライヤーへの空容器返却輸送

図表3-4. 3プロセスで輸送確認

POINT

- 見える化の一環として①モノが入ってくる、②生産される、③出ていく、この3プロセスで輸送の発生について確認しよう。
- その際に輸送の発注主が誰かに関係なく調査することが必要であることを認識しておこう。

4 OD表を作成しよう－ある会社の例

輸送の見える化に活用できる手法の一つにOD表がある。OD表のODとはOrigin Destinationのこと。日本語では起終点表と訳される。別の言葉で示すとFrom Toあるいは発地着地ということになるだろう。輸送であるからにはどこからどこへ運ぶかという情報が最重要だということになる。

OD表は発地と着地のマトリックスで表現する。そして各欄に入るものが物量だ。これは月間でも年間でも構わない。物量は自社で管理するレベルのデータを入れることが望ましい。例えば容積勝ちの荷物が多いのであれば物量データは容積ということになる。㎥単位で入力する。重量勝ちの荷物が多いのであれば重量データをkgまたはトンで入れていく。これ以外にもトラック台数や箱数といったデータでも構わない。ただし今後の輸送改善を考慮すると容積か重量かのいずれかにしておくことが望ましい。

では実際にOD表を作ってみよう。**図表3-5**に作成の例を示した。これを見ながら課題の認識を行ってみよう。

	着地	工場		納品先							
発地		横浜工場	広島工場	北海道	東北	関東	東海	関西	中国	四国	九州
出荷元	仙台工場			650	800	145	230	24	100	30	12
	横浜工場		120	120	150	970	550	65	20	10	10
	愛知工場			60	130	140	760	860	120	235	16
	広島工場			0	12	45	15	110	450	390	790
	協力会社（静岡）		240								
	協力会社（福岡）	160									

図表3-5. OD表作成例

この会社は仙台、横浜、愛知、広島に工場を持ち、協力会社が静岡と福岡にある。各工場で同じ製品を生産し、全国の顧客に配送している。一部工場間で半製品の補完生産を行っており、横浜工場から広島工場へ、静岡の協力会社から広島工場へ、福岡の協力会社から横浜工場への輸送が発生している。

　OD表を作成し月間物量を調査の上容積（㎥）で記入したものが**図表3-5**である。このように地点間の物量を数字で示すことにより、今まで見えていなかった課題が浮き彫りになる。皆さんだったらどこが問題だと感じるだろうか。

　問題となる点について網掛けとした。仙台工場の問題点として2点挙げられる。1点目は東海地区の納品先に月間230㎥輸送していること。2点目は中国地方の納品先に月間100㎥輸送していることだ。各工場で同じ製品を生産しているため、最も近隣の工場から納品先へ製品を供給することが望ましい。本来であれば東海地区の納品先へは愛知工場から、中国地区への納品先には広島工場から供給するべきである。

　別の問題点もすべて網掛けしてあるので注目していただきたい。福岡の協力会社から横浜工場へ月間160㎥輸送している。静岡の協力会社から広島工場へ月間240㎥輸送している。その他多くの「？」がつく輸送があることがわかるだろう。

　OD表の利点はこのようにいかにもおかしいと思われる輸送を一遍にあぶり出せることだ。まずは問題点を見える化し、その問題輸送がなぜ発生しているのかについて検討するきっかけにする。今度はその発生についての要因を追求し無くせないかを検討する。

　よくある要因として在庫の偏在が挙げられる。このケースでは愛知工場で十分な在庫が無かったために同じ製品を生産する仙台工場から東海地区へと供給したと考えられる。仮にそうであったとしてもなぜ横浜工場から補完供給できなかったのかという課題が見えてくる。

　また輸送用車両の妥当性についても検討が可能だ。例えば横浜工場から関東地区の納品先に月間970㎥輸送しているが、この時の使用トラッ

クが4トン車だったとしよう。これだけの物量があるのであればもっと大きいサイズのトラックを使った方が効率的であることがわかる。つまり10トン車の活用を検討するきっかけとなるのだ。

なおOD表の作成時にもできるだけ輸送の範囲を広げておくことが望ましい。前記した3つのプロセスで網羅性を高めてOD表の完成度を高めていきたい。念のために「返品物流」や「回収物流」は意外と見落とされがちだ。不良品が返却される際の返品物流に関わる輸送、通い箱を返却する際の回収物流に関わる輸送についても意識しておくことが重要だ。

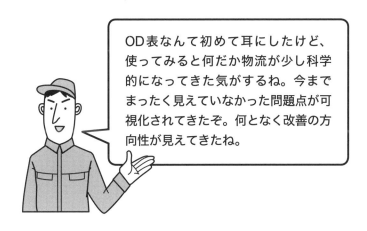

POINT

- 輸送の見える化に活用できる手法の一つにOD表がある。OD表のODとは Origin Destination のことである。
- OD表に記入するデータは今後の輸送改善を考慮すると容積（㎥）か重量（kgまたはトン）かのいずれかにしておく。
- OD表の利点はいかにもおかしいと思われる輸送を一遍にあぶり出せることだ。

5 市販の日本地図を利用して輸送マップを作成しよう

輸送の見える化に活用できる手法の二つ目として輸送マップがある。この輸送マップは非常にビジュアルでストレートに問題点を顕在化させる優れものだ。輸送マップは「必ず」作成していただきたいのでぜひじっくりとお読みいただきたい。そうはいっても輸送マップの作成はいたって簡単。先ほどのOD表と同じように発地と着地を明確にしてその間の輸送物量を記入するだけだ。では何に記入するのか。それは市販の日本地図だ。その地図に必要情報を書き加えて行けばよい。

実際に輸送マップを作成してみよう。図表3-6をご覧いただきたい。この会社は関東地区に工場と調達先そして販売先を持っている。工場間輸送と販売先への輸送は自社が運送会社と契約しトラックを手配して

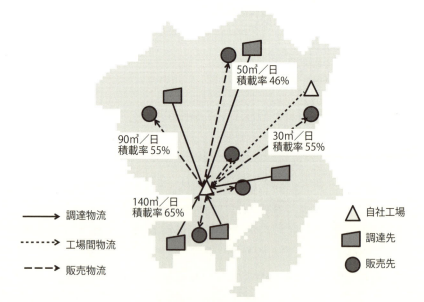

図表3-6. 輸送マップ

行っている。一方でサプライヤーからの輸送はサプライヤー手配のトラックで行われている。

　地図上にまず各拠点をプロットしていく。自社工場には三角のシールを貼る。この例でいけば2拠点あることになる。次に販売先に丸のシールを貼る。そして最後に調達先であるサプライヤーに四角のシールを貼る。これで準備完了だ。次に輸送が発生している拠点を線で結んでいく。パッと見て区別がしやすいように工場間輸送は点線矢印で、販売先への輸送は破線矢印、サプライヤーからの輸送は実線矢印で結ぶ。もちろんこの線は色を変えることでも構わない。自社でやりやすい方法を考えよう。最後に線の上に輸送物量を記入する。今回の例では日当たり物量を記入したがこれは月間物量でも構わない。

　さらによりよい輸送マップを作るためには輸送を示す線を実際のルート上をたどる線とすることだ。このような線とすることで経由地がわかるというメリットがある。これは後々の輸送改善検討の際に、途上でど

NO.	課題	解決の方向
1	栃木地区の調達先と販売先が同一エリアにあるにもかかわらず、トラックを別配車している。	調達トラックの帰り便で製品を販売先へ輸送。
2	茨城工場とのルート上にある埼玉地区の販売先へ独自便を仕立てて輸送している。	茨城工場からの輸送トラックの帰り便で販売先へ輸送。
3	群馬地区の販売会社への輸送トラック積載率が55%と低い。	群馬地区の調達先トラックの帰り便（空容器輸送便）に混載する。
4	栃木地区からの調達トラック積載率が46%と低い。	栃木地区からの日当たり輸送回数を2回から1回にできないか検討。
5	販売先X社への輸送費比率が他社に比べて3倍ほど高くなっている。	販売先X社へ輸送頻度見直し提案または混載できるトラックを探す。

図表3-7. 課題の洗い出し

こかに立ち寄ることによる積載効率向上改善アイテムを抽出できるからだ。

　では今回の事例から見えてくる点について確認していこう。**図表3-7**をご覧いただきたい。例えば最初の課題である「栃木地区の調達先と販売先が同一エリアにあるにもかかわらず、トラックを別配車している」であるが、これは自社が運送会社と契約しているか否かに関わらずマップ上に輸送データを記したからこそ見えてきた課題である。これに対して解決策の方向性は「調達トラックの帰り便で製品を販売先へ輸送」だ。もちろん調達トラックの荷主はサプライヤーであり自社ではない。帰り便がどこかで仕事があることもこの時点では不明である。しかし不可能な要素を探す前に改善のオポチュニティーとしてとらえ案としてもよいので「解決策の方向」としてまとめておこう。

　このように輸送マップはOD表と同様に輸送の見える化と課題の抽出を可能とする手法だ。マップはビジュアル性が強いのでOD表以上に改善のイメージがわきやすい。繰り返しになるがこの輸送マップは必ず作成するようにして欲しい。

POINT

- 輸送の見える化で必ず作成したいものが輸送マップだ。
- 輸送マップはビジュアル性が高いので改善イメージがわきやすい。
- 自社が運送会社と契約しているかどうかに関わらずマップ上に輸送データを記せば思わぬ改善ネタが見つかるかもしれない。

第3章 輸送の問題点を見える化しよう

6 トラックの輸送効率を測定してみよう

　図表3-7の輸送マップの中に「積載率」という記述があったことに気づかれただろうか。この積載率はトラックの輸送効率を測る重要な指標である。言葉だけはお聞きになったことがあるかもしれない。皆さんの工場で出荷のために荷物がトラックに積載されたとしよう。まさにこれから出発するという時点で積載率は大体これくらい、とみられたことがある方もいらっしゃることだろう。この皆さんが判断された積載率は「ぱっと見の積載率」である。あくまでも個々人がトラックの荷台を見て判断するため、人によって積載率の数値が変わってくる。

　参考までに図表3-8でぱっと見の積載率を判断してみよう。ある人は「一部隙間はあるけどほぼいっぱいに積まれているので積載率は85％くらい」と判断した。何となく正しそうな気がする。では積載された荷物に注目してみたらどうだろうか。図表3-9をご覧いただきたい。これは

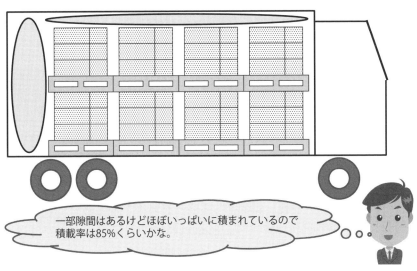

図表3-8. ぱっと見の積載率

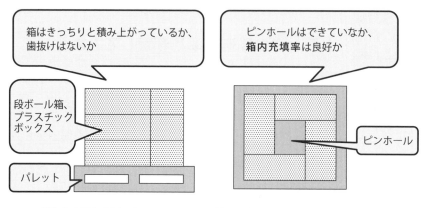

図表3-9. 荷姿は輸送改善の最大ポイント

図表3-8のトラックに積載された荷物の様子を示している。左側の絵はパレタイズされた荷姿の1モジュールを真横から見たものである。この状態では歯抜けもなくパレットに整然と箱が積み上げられているように見える。

　一方で右側の絵ではどうだろうか。これは同じパレタイズ荷姿を真上から見たものである。こうしてみるといくつかの問題が見えてくる。1つはパレタイズ荷姿の真中に空洞ができていること。これを通称ピンホールと呼ぶ。積みつけた箱のサイズや形状にもよるがこの空洞はパレタイズ荷姿容積の約14%程度を占める。つまりトラックがこの空洞分だけの「空気を運んでいる」ことになるのだ。

　2つ目はパレット自体の存在だ。これはある意味での必要悪かもしれないがパレットをトラックに積載すると1枚あたり約0.2㎥の容積を占め、20枚だと約3.5㎥となり何と1㎥のキュービックが3.5モジュール積載できないことになるのだ。

　3つ目は荷姿の中身だ。箱はきっちりと積載できたとしても箱の中がスカスカだったとしたらトラック積載率は高いとはいえない。後で詳述するが輸送効率の決め手は荷姿なのだ。いくらぱっと見の積載率が高いように見えても荷姿充填率が50%であれば、見た目の積載率、例えば

それが80％であったとしても実質はその半分であることに気づかなければならない。

4つ目はトラックの荷台と荷姿モジュールとの相性だ。本来であれば一番よく使うトラックの荷台を基準に荷姿モジュールを設計すべきである。しかし一般的に市販されているパレットやプラスチックボックスなどは必ずしも使用頻度の高いトラックの荷台にきっちりと積載できるとは限らない。というか大半の容器類はトラックの荷台との相性がよくない。**図表3-8**のトラックの後部にある隙間はこの相性の悪さによるロスを示している。

今までトラック積載率がよいと思っていたけど、それは思い込みに過ぎなかったな。パレットやピンホールが輸送上ではロスだということにはまったく気づかなかった。よし、これで積載率10％向上はいただきだ！

POINT

- ぱっと見の積載率は良い数値になりがちだがそれに騙されてはならない。
- トラックの積載率を低下させる要因には「ピンホール」「パレット」「箱内充填率」「トラックと荷姿の相性」などが考えられる。

トラック積載率は理論的に計算する

ぱっと見の積載率は必ずといってよいほど実力値以上の数値になる。積載状況を正しく示していることは稀であって自己満足的な要素が強い。やはり輸送を見える化するためには現状を正しく把握することが重要だ。そこでトラック積載率を理論的に計算し、それを日々管理できるようにしていきたい。

トラック積載率の考え方は以下のとおりである。
①トラック容積積載率＝積載荷物の容積÷トラックの保有容積能力
②トラック重量積載率＝積載荷物の重量÷トラックの保有重量能力

つまり日々出荷した荷物の容積と重量について積載したトラック単位でその保有能力と比較していくのだ。

図表3-10をご覧いただきたい。この表が示しているものは①のトラック容積積載率だ。4月12日の長野向けのトラック積載率は57.5%と

出荷日	出荷先	トラック容積(㎥)	積載容積(㎥)	容積積載率(%)
4月10日	大阪	53	24	45.2
4月10日	広島	53	19	35.8
4月10日	長野	33	14	42.4
4月11日	大阪	53	22	41.5
4月11日	広島	53	17	32.0
4月12日	大阪	53	24	45.2
4月12日	広島	53	21	39.6
4月12日	長野	33	19	57.5
4月13日	大阪	53	25	47.1
4月13日	広島	53	20	37.7

図表3-10. トラック容積積載率

最も良い数値となっているが、それ以外はすべて50%を切っている。つまり容積的に見るとまだ荷台には余裕があることがわかる。これは数値化して初めてわかることであり、ぱっと見の積載率では問題はないと見過ごされてしまう可能性がある。

次に**図表3-11**をご覧いただきたい。この表は②のトラック重量積載率を示している。最初に気づかなければならないことは4月12日の長野向けのトラック積載率だ。数値は108.5%となっており明らかに過積載だ。この便は容積的に最も良い数値となっているが実際には実力値以上に積み込んでしまった結果だと考えなければならない。過積載は見た目では判断しづらい。出荷場に重量秤がない工場では過積載のリスクがある。だからこそこのようなコンプライアンスの観点からも積載率を数値でとらえる必要があるのだ。

同表の他のデータを見ていこう。広島向けと長野向けは最低値が4月11日の広島向けの75.5%だ。それ以外はいずれも80%を超えており優良な成績だといえる。一方で大阪向けは重量積載率にいずれの日も30%を切っておりかなり余裕があるといえるだろう。

出荷日	出荷先	トラック重量（トン）	積載重量（トン）	重量積載率(%)
4月10日	大阪	9	2.4	26.6
4月10日	広島	9	7.6	84.4
4月10日	長野	3.5	2.8	80.0
4月11日	大阪	9	2.2	24.4
4月11日	広島	9	6.8	75.5
4月12日	大阪	9	2.4	26.6
4月12日	広島	9	8.4	93.3
4月12日	長野	3.5	3.8	108.5
4月13日	大阪	9	2.5	27.7
4月13日	広島	9	8.0	88.8

図表3-11. トラック重量積載率

以上から見えてきたことは大阪向けの便は容積でトラックがいっぱいになる傾向にあり、広島向けと長野向けは重量でトラックがいっぱいになる傾向にあるということだ。一般的に物流用語で前者を「容積勝ち」、後者を「重量勝ち」と呼ぶ。ここで便と書いた理由は例えば大阪向けの便に積載された荷物の中には「重量勝ち」も含まれている可能性があるからだ。私たちはさらに荷姿について調べていく必要があるということだ。少なくとも今の時点では積載率は数値にしないと正確なところはわからないということ、数値を見ると改善の余地が明確に見えてくるということを認識していただきたい。

出荷日	出荷先	容積積載率(%)	重量積載率(%)	便の特性
4月10日	大阪	45.2	26.6	容積勝ち
4月10日	広島	35.8	84.4	重量勝ち
4月10日	長野	42.4	80.0	重量勝ち
4月11日	大阪	41.5	24.4	容積勝ち
4月11日	広島	32.0	75.5	重量勝ち
4月12日	大阪	45.2	26.6	容積勝ち
4月12日	広島	39.6	93.3	重量勝ち
4月12日	長野	57.5	108.5	重量勝ち
4月13日	大阪	47.1	27.7	容積勝ち
4月13日	広島	37.7	88.8	重量勝ち

図表3-12. トラック重量積載率

POINT

- トラック積載率はトラックの保有能力で実積載荷物の容積、重量を除して算出する。
- 便の特性として重量で保有能力いっぱいになる「重量勝ち」と容積でいっぱいになる「容積勝ち」がある。
- 特に重量積載率はしっかりと管理し、過積載は絶対に防止しなければならない。

8 トラック実働率と実車率

　輸送を見える化するにあたりトラック積載率以外の指標についても知っておきたい。皆さんの工場設備をイメージしていただければわかることだが、できるだけ設備は止めたくない。できれば24時間365日稼働したいところだろう。ただし人がつかなければ動かせない設備があることも事実。そのような設備は作業員が交代勤務をすることでできるだけ長時間稼働できるように考える。

　実はトラックもこの人がつかなければ動かせない設備に似ている。トラックは荷物を積んで走行している時間が付加価値を生む。これは工場設備が稼働している状態と同じだ。一方で工場設備は定期点検で止めざるを得ない期間がある。トラックも同様に定期点検や車検がある。工場設備は始業点検を行うが、トラックも同様だ。工場の作業員は設備の停止を極力発生させないように日々努力している。チョコ停やドカ停が発生しないように日々のメンテナンスを怠らない。

　工場設備はこのようにいかに止めないかを真剣に考えているものの、アウトソースした輸送トラックの停止にはほとんど気を留めていないのが実態ではないだろうか。私たちはこのことに気づかなければならない。

　私たちが知識として知っておきたいトラックの生産性を表す指標として実働率というものがある。これは以下の式で算出される。

　実働率＝任意の期間中における実働車（貨物または旅客を乗せ走行した自動車）の延稼動日数÷登録自動車の実在延日数

　これはトラック運送事業者が保有している資源をどれだけ活用しているのかを示している。工場設備が365日の内何日稼働したかに近い。工

場内のフォークリフトの方がもっとイメージしやすいかもしれない。ただし1日の内どれだけ稼働したかまではわからない。

もう一つの指標がトラック実車率だ。これは以下の式で算出される。

実車率＝実車距離（全走行距離に貨物を積んで走行したキロメートルを実車キロ）÷全走行距離（貨物を積まない時も含めて走行したすべてのキロメートルを走行キロ）

これはトラックが走行している時間の内どれだけ付加価値のある仕事（売上を伴う仕事）が占めるかを表している。工場でフォークリフトが走行した距離の内、どれだけ荷を持って走行したかをイメージしよう。
ここに挙げた2つの指標と先に説明した積載率を使って運行効率という指標を算出することが一般的だ。それは以下の式で算出される。

運行効率　＝　実働率×積載率×実車率

以上の指標でトラック運送についての効率が測られることになる。皆さんはトラック輸送コストを今後改善していくにあたり、この指標が向上することが直接的間接的に皆さんに影響を与えることを認識していただきたい。
ただしこの指標では測れない重要な要素があるのでそれについて説明しておきたい。それは皆さんの工場の中でトラックが滞留している時間だ。このトラック滞留時間は大きく分けると2つ。それは荷役時間と待機時間だ。荷役時間とは荷降ろしと積み込みの時間のことを指す。待機時間とはトラックが工場に到着してから荷役開始までの時間のことだ。皆さんはこの2つの時間についてのデータを記録し実態がどうなっているのかを把握することが望ましい。大型トラックであればフォークリフトで行う荷役は一般的に20分程度で行えるはずだ。もしこれ以上に時

間がかかっているとすれば何か問題があると考えた方がよい。一方で待機時間はゼロにするべきものと考えよう。では待機時間はなぜ発生するのだろうか。待機時間には2種類ある。1つは運送会社要因のもの。もう1つが荷主または着荷主要因のものだ。運送会社要因のものとは指定された時刻に遅れてはならないという意識があるため、工場などに早着して指定時刻まで待つという性格のものだ。荷主または着荷主要因とはトラックが指定時刻に到着したものの、前のトラックの荷役が終わっていないために待たせてしまうケース、生産遅れなどで出荷荷が揃っていないため待たせてしまうケース、そもそもトラック時刻を定めずに「早い者勝ち」にしているため必然的にトラックが集中し待ちが発生するケースなどが挙げられる。

> トラックの効率なんて気にしたことなかったよ。そういえばうちの工場でもトラックを待たせているケースが多いな。ちょっと来月にでも待機時間を調べてみよう。

POINT
- トラック運送の効率を示す指標として実働率と実車率がある。
- この2つと積載率を乗じることで運行効率が算出される。
- 荷主側で直接この指標を算出する必要はないが、これを阻害する要因があれば排除していく必要がある。

9 トラック待機時間の要因を見える化する

　トラック待機時間は国も注目し始めその解消に向けた施策を開始している。その1つが貨物自動車運送事業輸送安全規則の一部を改正する省令の交付だ。この中で運送事業者に対してトラック運転者に運行記録を付けるように促しており、同時に待機時間もわかるようにしている。併せて適正な取引の確保（第9条の4関係）として次のように規定している。『荷主の都合による集荷地点等における待機についても、トラックドライバーの過労運転につながるおそれがあることから、輸送の安全を阻害する行為の一例として加える』。

　トラック運転者は原則として1日あたりの拘束時間は13時間が原則とされているが、ひどいケースでは積み込みに行った荷主で4時間待たされ、運行後着荷主で4時間待たされることがあり、最大でも5時間しか運行できない。つまり、この待機時間は工場として積極的に削減するよう努めなければならない。

　そこで次に私たちが見える化しなければならないのがトラックの構内滞留期間だ。まず図表3-13のようなフォーマットを準備しよう。1週間程度はこのようなデータを採りトラックが構内でどれくらい滞留しているかについて認識する必要がある。荷主として運送を委託しているトラック（出荷便）、着荷主となるトラック（納入便）両方について調査を実施したい。

　まずはトラックが入門してから荷役を開始するまでの間の時間を見

運送会社	車番	種別	入門時刻	荷役開始時刻	荷役終了時刻	出門時刻
ABC運送	4361	出荷便	8:14	8:30	9:06	9:12
DEF物流	6337	納入便	8:22	9:25	10:07	10:13

図表3-13. トラック滞留時間調査

> 荷主・着荷主要因
> - トラックポート能力不足
> - トラックポートの数だけフォークリフトが配車されていない
> - 荷役の時刻指定がなく早い者勝ちになっている
> - 出荷荷が揃っていない
> - 生産遅れが発生している
> - 前のトラックの荷役が遅れている
>
> 運送事業者要因
> - 遅れ回避のための早着

図表3-14. トラック待機時間の要因

る。これは原則として待機時間に相当する。時刻指定してあるのであればその時刻と荷役開始時刻を比較すればよい。もし指定時刻より荷役開始時刻が遅ければ遅延到着の場合を除き荷主または着荷主側の責任だと推定される。

次に荷役終了時刻から荷役開始時刻を差し引きすることで求められる荷役時間を見る。この時間は時刻指定の場合にはあらかじめ定められた時間があるはずだ。その時間より長ければそこに何か問題があったと考えるべきだ。もしそのトラックが工場の複数箇所で荷役を行うのであればそれぞれの場所ごとに荷役開始時刻と終了時刻のデータを採るようにしよう。

このデータを採るとトラックに関する工場内における問題点を見つけるきっかけとなる。時刻指定がしてあればそれとの比較で問題点が見えてくる。指定されていなければ、大型車の場合トータル滞留時間30分、その内荷役時間は20分と考える。この基準から外れれば問題ありだ。

滞留時間の内待機時間が発生していた場合の要因例を**図表3-14**に示す。自社でチェックしてみていただきたい。

POINT

- トラック待機時間は国もその解消に向けた施策を開始。
- 工場としてトラックが構内に入ってから出ていくまでの時間調査を実施し、トラックの待機が発生する要因を把握しよう。

10 荷役時間の実態を把握しておこう

　皆さんの工場では調査の結果荷役時間はどれくらいかかっていただろうか。繰り返しになるが大型トラックにおけるフォークリフト荷役作業はおおよそ20分あればできるはず。もしこの時間よりも多くかかっているのであればその要因を把握しておきたい。私たちはこの荷役時間も輸送コストの一部であるという認識を持たなければならい。視点を変えれば荷役時間を短縮することで輸送コストを下げられる可能性があるということ。それでは荷役作業の実態について把握していこう。

　トラックが到着すると輪留めをかけてウイングを開ける作業から始まる。そして運転者が荷役作業を行う場合には構内でフォークリフトの運転資格があることを確認したうえでフォークリフトのカギを貸与する。運転者はフォークリフトを操作して荷降ろしまたは積み込み作業を開始する。

　この時に荷役時間を長くする可能性がある要因としてトラックポートと荷降ろし場または積み込み場との距離が挙げられる。理想的な場所はトラックポートのすぐ真横だ。長くてもせいぜい30m以内の場所を確保したいところだ。ということでまずトラックポートと荷降ろし場などとの間の距離を調べよう。

　次にトラック運転手にやってもらう仕事の範囲を調べる。特に納入便についてこの点が明確になっていることが原則だ。フォークリフトを使って任意の場所に降ろす、これだけであれば大きな問題にはならない。しかし降ろした荷物を仕分けさせたり棚入れさせたりするとそれは問題という認識を持ちたい。一気に荷役時間を引き延ばすことになるからだ。工場によっては生産ラインサイドまで運転者に運ばせているケースがあるようだがこれは好ましくない。なぜならさらに時間がかかることは当たり前として、構内事故の要因ともなるからだ。着荷主側で勝手

に付随的作業をやらせていることがあると聞いているがあくまでも運送会社との契約者は発荷主だ。契約外の作業を勝手にやらせるとコンプライアンス違反となるので注意が必要だ。

　ここまで調べられたら次は運転者の迷いがないかどうかを調べてみよう。積み込む荷物の置場や荷降ろし場などが一目で見てわかれば問題ないが、そうでないときは運転者に迷いが発生する。積み荷を探したり荷降ろし場を探したりする行為があるかもしれない。この時間は100%ロスタイムだという認識を持つ必要がある。

　通箱を使っている場合、荷降ろし場と通箱置場が離れた場所で保管されているケースがある。荷降ろし場の隣に積んで帰るべき通箱が置かれていることが理想だ。このように荷役時に複数場所で仕事をしなければならないようなことが発生していないかチェックしておこう。

　次に雨濡れ対策だ。多くの会社でトラックポートの上には雨濡れ防止の庇が設置されている。しかしこの庇がない場合、トラック運転者には雨濡れ防止のために荷物にビニールカバーをかぶせるひと手間が発生する。1荷姿で20秒程度かかるのではないか。この点についても実態として把握しておきたい。

　さらに荷崩れ防止対策だ。特にプラスチックボックス荷姿の場合、ボックスが老朽化してくると変形が生じ、荷役時や輸送時に荷崩れが発生する恐れがある。トラック運転者はこの荷崩れを防止するためにパレタイズ荷姿をシュリンクしたりバンドがけしたりしている。このような行為が発生していないかどうかを把握しておこう。

　最後にトラック運転者による手積み手降ろし作業について。多くの会社ではパレットの上にプラスチックボックスや段ボールを積み上げてキュービックのモジュールを作っている。これは運搬効率を考慮しているからだ。パレットがあればフォークリフトでの荷役が可能となるのでトラックへの積み込み、荷降ろしが非常に効率化される。しかしこのようなパレタイズ荷姿は工場の中だけで、トラックには箱を手作業で積み込みあるいは荷降ろししている会社もある。またこの作業を荷主または

着荷主で行うこともあるが、多くのケースではトラック運転者が行っている。手積み手降ろしによってトラックの荷台にパレットを載せないことにより積載率を大幅に向上することが可能だ。一方で荷役時間が大幅に増える。一般的に大型トラックの場合、手積み・手降ろしを行うと2時間くらいかかる。したがってこのような荷役を行っている会社ではその是非は別として、課題として取り上げることが望ましい。なぜならば何度も繰り返しになって恐縮だがトラック運転者の不足問題が存在し、手荷役作業を伴う荷主や着荷主は今後敬遠される可能性があるからだ。

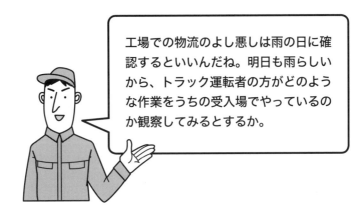

工場での物流のよし悪しは雨の日に確認するといいんだね。明日も雨らしいから、トラック運転者の方がどのような作業をうちの受入場でやっているのか観察してみるとするか。

POINT

- 荷役時間を短縮することで輸送コストを下げられる可能性がある。ぜひ荷役作業の実態について把握しておこう。
- 荷役時間を長くする可能性がある要因を調べよう。荷役時の運搬距離や迷いがないかどうかなどを把握しておきたい。

11 荷姿の問題点を見える化する

次に荷姿の調査を行い今の実力値を見える化していこう。製造業における荷姿には2通りのものがある。1つは輸送用荷姿だ。もう1つは生産ラインへの供給用荷姿だ。この2つは目的が異なる。前者は輸送効率向上であり後者は生産ラインの作業性向上だ。前者は荷姿充填率を重視し、後者は取り出しやすさを重視する。この相入れない2つだが本書の趣旨は輸送コスト改善であるため、輸送用荷姿に絞って調査を行なうこととする。

最初の視点はトラックに積載した時点の状態をチェックすることだ。**図表3-8**をもう一度ご覧いただきたい。この絵ではトラックの後方と上方に隙間ができている。これは何を示しているかというと、自社で保有する荷姿をトラックに目いっぱい積んでもなお隙間ができるということだ。これは容積勝ちの場合は致命傷になる。本来ならもっと運べるのに荷姿がトラックに合っていないため機会損失が発生してしまうのだ。最も使う頻度の高いトラックの荷台と相性の悪いパレットと容器は輸送ロスを生むと考えよう。ここではこの隙間がトラックの荷台の何％を占めるかについて調べたい。

次に**図表3-9**を再度ご覧いただこう。荷姿モジュールを組んだ時にまだロスが残っていることを示している。ここで注目したいのがモジュールの中央に存在するピンホールだ。これがあるとその容積分だけ荷物を運べないことになる。そこでこのピンホールがトラックの荷台の何％を占めるかについて確認しておきたい。併せて自社の使用するパレットの1枚あたりの容積を確認しておこう。なぜならパレットはトラックの荷台においてはロスに他ならないからだ。さらにパレタイズ時に箱が1つや2つ抜けていないかどうかについても見ておこう。理想は箱がきっちりと積まれていることであるが、何かしらの理由で1箱2箱抜けてい

ることがある。この発生頻度がどれくらいなのかを調査する。これと類似した事例として、パレットの上に1箱や2箱しか載せられていないことが挙げられる。これも理由があってのこととは思うが輸送ロスを発生させていることに変わりはない。このようなケースについても発生頻度について確認しておこう。

　今度は**図表3-15**をご覧いただきたい。これは柱パレットをイメージしたものだ。柱パレットとは四隅に柱が立っており、比較的大きな部品などを格納するときに使われる。この柱パレットだが積み重ねが可能だ。四隅の柱同士を重ねることで何段も積み重ねることができる。輸送途上は積み重ねができないと上の部分が隙間になってしまうためロスが発生してしまう。さてこの積み重ねの方法だが2種類のやり方がある。図の左を通称「皿タイプ」と呼ぶ。柱の根元がお椀を伏せたような形状になっておりこれを柱の頭にかぶせる形で積み重ねる。もう一つの方法が右の「ネスティングタイプ」だ。これは柱の根元が空洞になっており、そこに柱の頭にある突起を挿入することで積み重ねる。この形式の違いが輸送効率に大きな影響を与える。左のタイプはフォークリフトの

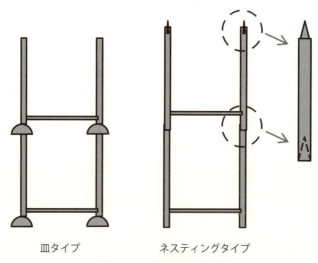

皿タイプ　　　　ネスティングタイプ

図表3-15. 荷姿の実態把握

荷扱いが容易な分、並べたときに皿の出っ張り分だけ隣のパレットと隙間ができる。容器設計により多少の違いはあるものの、隣のパレットの柱との間に15cm程度の空間が生まれてしまう。一方で右のタイプでは若干のフォークリフトスキルは要するものの隣のパレットとの間に空間が発生しない。輸送に適したタイプは右のネスティングタイプだ。工場の中を巡回し、輸送で使う柱パレットがどちらのタイプであるかを確認しよう。同時にそのパレットを目いっぱいトラックに積んだ時にどの程度の空間が生まれるかについても把握しておこう。

さらに現状の容器が圧縮可能かどうかについても調査しよう。容器の圧縮とは空の状態で折り畳みもしくは紙コップのようにネスティングが可能となることを指す。これが可能になると空容器の返却時に荷物を縮めることができるので、輸送コスト削減に寄与するとともに、工場内の容器保管場のスペースセービングにもなるのだ。

> **POINT**
> - 輸送改善の大きな要素を占めるのは荷姿だ。現状の荷姿の実力値を見える化していこう。
> - 荷姿は最も使う頻度の高いトラックの荷台との相性が重要だ。今の荷姿はトラックと相性がよいかどうかチェックしよう。
> - 柱パレットはタイプによっては輸送効率を悪化させる。今保有の柱パレットに問題はないか確認しておこう。

12 荷姿充填状況と容器積み重ね可能状況を見える化する

　くどいようだが輸送効率の決め手は荷姿だ。現状どのような荷姿になっているかを見える化すると同時に容器内の充填率についても確認しておきたい。特に企業間物流で使われる荷姿には同じ部品などを複数入れることが一般的だ。この数は輸送だけを考えれば多ければ多いほどよいと考えられる。もちろん、部品などの品質に影響がないことが前提であることはいうまでもない。

　最初の視点は充填状況を確認する際に今使っている容器を前提に、もう現状以上に入り数を増やす余地がないのかどうかをチェックする。多くの荷姿であと1個か2個は積み増しできるという状況が見つかることだろう。

　次の視点は今の容器ではほぼいっぱいだが、若干容器サイズを変更したらあと1個か2個は積み増しできる状況だ。容器変更を行う場合、部品1個当たりの容積が縮むことが条件になる。その逆であれば効果はないということになる。

　さらにもう一つ視点を加えたい。それは荷姿充填効率を低下させている点を抽出することだ。例えば部品などの並べ方がすべて同じ方向であるために隙間ができているケースだ。部品を互い違いに並べることで容器内充填効率を向上させることができる。これはよくあることだが部品に小さな突起が1つ組み付けてあるために充填効率が50%程度になってしまっているケース。若干ハードルが高いかもしれないが、その組付けは輸送後に行う、そもそもの部品設計で突起が発生しないようにするといった改善案が考えられる。今どき物流のために生産場所や製品設計を変更することなどまかりならん、といった古い思想では企業間競争に生き残ることはできない。だからこのような視点でもどんどん問題点として抽出していきたい。

第3章　輸送の問題点を見える化しよう

容器コード	製品番号	SNP	積み増し可能個数	方法
SX3000	HR286LL	24	2	単純な積み増し
SX3000	HM911JE	24	0	—
YX1000	KW986XX	24	1	単純な積み増し
YX1000	KW986GY	20	1	容器をYW1000に変更
YX1000	KW986MC	14	6	部品Pを分離、輸送後組付け
YG2000	NU330JC	20	0	—
YG2000	NU530MC	20	4	容器をYG3000に変更

図表3-16. 荷姿充填状況のまとめ

	SX3000	SY3000	SZ1000	YX1000	YW1000	YG2000
SX3000	○	○	×	×	×	×
SY3000	○	○	○	×	×	×
SZ1000	×	○	○	×	×	×
YX1000	×	×	×	○	×	×
YW1000	×	×	×	×	○	×
YG2000	×	×	×	×	×	○

図表3-17. 容器積み重ね可否

これら3つの視点で荷姿充填状況を**図表3-16**にようにまとめよう。

　荷姿充填状況の次に見える化しておきたいものが容器同士の積み重ねの可否状況だ。今までこのような視点で容器設計はやってこなかったことだろう。しかし容器同士が重ならないとトラックの荷台を有効に活用することができなくなる。よく積み重ねができないため荷物の上に大きな空間ができているトラックを見かけるがこれはとてももったいないことだ。トラックが「空気を運ぶ」状況は決して見逃してはならない。

　そこで会社で使用する容器についてお互い積み重ねが可能か否かについて調査を実施しよう。積み重ね可能の要点は、容器の底面寸法が同じであることと積み重ね方式が同じであることだ。容器の高さは原則として関係してこない。プラスチック容器の場合、底面寸法が同じでなくても大きい容器の上に小さい容器が2個載せることが可能な場合もある。大容器に中容器が2個重なり、その上に小容器が2個重なるようなイメージだ。調査の結果を**図表3-17**のようにまとめておきたい。

> **POINT**
> - 輸送効率の決め手は荷姿だ。荷姿内充填効率が悪いと輸送コストが上昇するためきっちりと実態を把握しておこう。
> - 容器同士が積み重ならないとトラックの荷台に大きなロスを発生させてしまう。現状の容器の積み重ね可否状況を把握しておこう。

13 海上コンテナの問題点の見える化と物流ロスの金額

　今までトラック輸送を中心に説明させていただいたが考え方は海上コンテナでも同様だ。すべて同じ視点で海上コンテナの実態を見える化していただきたい。もしかしたら優先度は海上コンテナの方が高いかもしれない。その理由はグローバル化に伴い、輸出入が大きく増えてきていること、海上輸送は国内トラック輸送に比べて1回あたりの単価が高いこと、この2点だ。

　海上コンテナの場合もその輸送コストをどこが直接的に支払っているのかに関わらず調査し実態を見える化したい。海上コンテナの実態調査は実際に現物を見て確認する方法と積載内容の明細から調査する2つの方法で行う。出荷の場合はコンテナ積み込み作業を観察する。コンテナ積み込み作業を通称バニングと呼ぶ。この時にチェックする項目は荷役作業性と積載効率だ。40フィートコンテナの積み込み作業は1名によるフォークリフト作業であれば40分もあればできるはずだ。実際にどれくらいの時間がかかっているのかをチェックしよう。併せて荷の積載効率を「ぱっと見で」判断してみよう。要領はトラックの時と同様。コンテナ内に隙間はできていないか、パレットが余分なスペースを占めていないか、柱パレット間にムダな隙間ができていないかなどをチェックする。

　積み荷については各荷姿の中の充填率は効率的かをチェックする。容器はコンテナ内にきっちりと積載できていても、容器内がスカスカな場合もあるので見落とさないようにチェックしておこう。さらに製品形状で「空気を運ぶ」状態が生じていないかも見ておこう。これは今すぐに改善できなくても将来的な解決課題として認識しておけばよい。

　次に積載内容の明細からの調査だ。ここで行う調査は荷姿データに基づき理論的に容積積載率と重量積載率をチェックすることだ。トラック

で行ったことと同じなので詳細説明は割愛させていただく。

　海外から到着したコンテナについても同様に実際に現物を見て確認する方法と積載内容の明細から調査する2つの方法で調査しよう。視点はバニング時と同様。「ぱっと見の積載率」は荷降ろし作業（この作業をデバニングと呼ぶ）開始前にコンテナの扉を開けた時点で判断する。デバニング作業の所要時間についてもチェックしよう。それから積載内容の明細からの調査を行う。これについても内容はバニング時と同様だ。

　海上輸送は大きなコストがかかるためできるだけムダのない積み方、ムダの少ない荷姿になっている場合が多いようだ。これは担当者が高コストを意識していることの表れだ。多分国内トラック輸送よりは効率がよいのではないだろうか。

　見える化のまとめとして物流ロスを金額換算してみよう。いくらロスがあるとしてもそれが金額としていくらくらいのロスなのかがわからないとピンとこないものだ。この時点ではあまり精度にこだわる必要はない。ざっくりで構わないので「おおよそこれくらいの金額のロスが発生している」ということがわかれば十分。例えばチャーターで輸送しているトラックについて調査を行ったとする。チャーター単価が5万円、容積的積載率が50%、重量的積載率が80%だったとしよう。このケースではあと重量で20%相当、容積で50%相当のスペースを空のまま走らせていることになる。従って最低でも5万円の20%の1万円は金額的ロスだと推測できる。この時に改善の現実性について考えないこと。あくまでもロスが出ている事実だけをとらえそれを金額化することが重要なのだ。実際にはトラックの荷台は半分空いていることになる。ちなみにこのようなケースでは「軽くて嵩張るもの」を追い積みすることでトラックを使い切ることが可能だ。このような改善の視点については後程説明させていただきたい。

出荷日	出荷先	容積積載率(%)	重量積載率(%)	輸送単価(円)	推定ロス金額(円)
4月10日	大阪	45.2	26.6	50,000	27,400
4月10日	広島	35.8	84.4	85,000	13,260
4月10日	長野	42.4	80.0	48,000	9,600
4月11日	大阪	41.5	24.4	50,000	29,250
4月11日	広島	32.0	75.5	85,000	20,825
4月12日	大阪	45.2	26.6	50,000	27,400
4月12日	広島	39.6	93.3	85,000	5,695
4月12日	長野	57.5	108.5	48,000	─
4月13日	大阪	47.1	27.7	50,000	26,450
4月13日	広島	37.7	88.8	85,000	10,370
当期間の推定ロス金額					170,250

図表3-18. 輸送ロスの金額換算

POINT

- 海上コンテナについてもトラックと同じ視点で実態を見える化しよう。
- 海上輸送のコストをどこが負担しているかに関わらず調査と実態の見える化だけは実施しよう。
- 見える化のまとめとして物流ロスを金額換算してみよう。精度にこだわらずざっくりで構わないので実施しよう。

ついに動き始めた！国の運送に関する施策を知ろう

　輸送改善による輸送コスト削減を実施していくことと同じくらい重要なことがある。それが輸送コンプライアンスだ。従来から荷主会社と運送会社の関係は「強い立場」と「弱い立場」の関係であることは否定できない。

　トラック運転者不足の進行に伴い、いよいよ国がこのような荷主の立場に対してアクションを取り始めた。その一つが「標準貨物自動車運送約款等の改正」だ。平成29年11月4日から施行されている（はじめに参照）。

　国の施策として2つ目に知っておいていただきたいものが「貨物自動車運送事業輸送安全規則の一部を改正する省令の公布」だ。平成29年7月1日に施行されている。この交付の趣旨は、『トラックドライバーの業務の実態を把握し、長時間労働等の改善を図るため、荷主の都合により待機した場合、待機場所、到着・出発や荷積み・荷卸しの時間等を乗務記録の記載対象として追加する』ことで、キーワードは「長時間労働の改善」「荷主の都合」だろう。要点を説明すると一定の大きさのトラックの運転者に時間記録をさせることで待機時間など荷主の構内でのムダな時間を顕在化し、それを改善することで長時間労働を是正していきたいというものだ。すでにこれは実施されている。

概要

(1) 乗務等の記録（第8条関係）
　トラックドライバーが車両総重量8トン以上又は最大積載量5トン以上のトラックに乗務した場合、ドライバー毎に、
・集貨又は配達を行った地点（以下「集貨地点等」という。）
・集貨地点等に到着した日時
・集貨地点等における荷積み又は荷卸しの開始及び終了の日時
等について記録し、1年間保存しなければならない。

(2) 適正な取引の確保（第9条の4関係）
　荷主の都合による集荷地点等における待機についても、トラックドライバーの過労運転につながるおそれがあることから、輸送の安全を阻害する行為の一例として加える。

平成29年7月1日施行

出典：国土交通省資料より作成

貨物自動車運送事業輸送安全規則の一部を改正する省令の公布について

第4章

トラック積載率向上のためのあの手この手

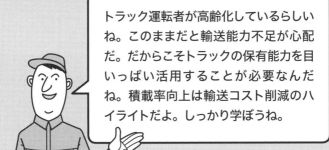

トラック運転者が高齢化しているらしいね。このままだと輸送能力不足が心配だ。だからこそトラックの保有能力を目いっぱい活用することが必要なんだね。積載率向上は輸送コスト削減のハイライトだよ。しっかり学ぼうね。

1 会社にとっての優先順位を見極める

　さていよいよ輸送コスト改善への取り組みがスタートするが、その前に輸送改善を含む物流効率化と会社の方針との関連性について確認しておこう。「えっ！何のこと？」と思われるかもしれない。しかしこの会社方針は非常に重要だ。例えばジャストインタイム調達やジャストインタイム生産を行うことでサプライチェーン全体の効率化を狙っている会社があったとする。この会社の狙いはリードタイム短縮を通してお客様要望を満たすことで売上を拡大することにある。この時に目先の物流の効率化を行うことでサプライチェーンに淀みを起こしてしまうと逆効果だ。

　一方で会社の最優先課題が「コスト削減」なら、物流はやり玉に挙げられ、ありとあらゆるコストを削減していくことに取り組まざるを得ない。ジャストインタイムには多少目をつぶってトラック単位での輸送をおこなうことも「あり」だろう。トラックを大型化して一回に運ぶ量を増やすというアイテムも許されるかもしれない。

　トラックをいっぱいにして運ぶことは輸送効率化の鉄則だ。しかしジャストインタイムを志向している会社にとってただ単純に混載もせずに目の前にある荷物を目いっぱい積み込むことは望ましくない。なぜなら今必要でないモノまで運ぶことになりかねないからだ。あくまでも私たちが狙うべきところは「ジャストインタイムと物流コスト削減の両立」だ。物流のことだけ考えてまとめて運ぶことは単なる物流のわがままであって物流改善ではないことを知っておいていただきたい。

　多頻度少量輸送の是非が論議されることがある。この輸送方法ではトラックの積載率が低下し、結果的にトラック台数が増えCO_2削減に逆行すると否定的な意見が多い。私たち物流のプロの観点からできるだけこのような状況は避けたいところ。しかし前後工程を同期化しており、最

小在庫で生産運営を行っている場合は少し考え方が変わってくる。特に近距離輸送であれば必ずしも積載率を上げることではなく、トラック回転率を上げて物流サービスを向上させるという考え方があるのだ。

会社全体のことを考えると物流でコストをかけてでも他で儲けるという手法もある。物流は必ずしも常に下げなければならないコストではないことを知っておこう。コストに見合ったサービスの側面もあるからだ。あまりにも物流をコストとしてしか認識していない場合は注意が必要だ。かなりの確率で物流コスト削減の反動が他で発生している可能性がある。物流はあくまでサービスを提供することが基本中の基本。このことを決して忘れてはならない。

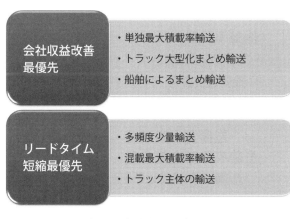

図表4-1. 会社方針と輸送改善

POINT
- 場合によっては物流コスト削減が会社全体にとってデメリットになり得ることも知っておこう。
- 身勝手な輸送効率化は禁物。あくまでも物流サービスを維持しながらコスト削減に貢献するのがプロの仕事のやり方だ。

2 荷台の隙間を埋める視点

　まずトラックの荷台をぱっと見で判断してみよう。この時点で隙間が目立つようであればトラックの積載率は低いといわざるを得ない。例えばトラックの荷台の上半分が隙間になっているケースを見かけることがある。この理由として積まれた荷物が「裸」の状態のため上に何も積み重ねられないということが考えられる。このような荷物の輸送を依頼する荷主は他の荷物を別トラックを仕立てて運んでいる。理由は「積み重ねができない」ということだ。しかし頭の柔らかい皆さんであればトラックの上半分の使い方を思いつくだろう。私たちは皆固定観念を持っている。それが改善アイデア出しのネックになっていることがある。このケースでは「積み重ねができない」という考え方自体が固定観念だ。

　皆さんが家庭で部屋にモノを置いてあるときに上の空間を使いたいときにはどのような行動を取るだろうか。多分ラックを購入して上にもモノを置けるようにすることだろう。トラックでも同様だ。トラックの中にラックを設置し、その上に荷物を置くことも考えられる。

　「裸」での輸送を止めて「荷姿」をつくることも考えられる。例えば今裸の状態の製品を「ボックスパレット」に入れる、「柱パレット」に入れるという方法がある。多分「裸」とはいえ平パレットに直接置いているのではないだろうか。この平パレットをボックスパレットか柱パレットに変更することは難しいことではない。この変更をするだけで上にモノを積むことができる。積載率50％向上も可能となるアイテムだ。

　今の荷姿モジュールをきっちりと積み込んだ時にできる隙間についてはどうだろうか。これはその荷姿モジュールとトラックの荷台の相性の問題だ。本課題については今すぐに解消することは難しいかもしれない。ただしあくまでも問題として認識しておくべきだ。次回以降の荷姿モジュールを検討するときにトラックに合わせたものとすることで解消

を図りたい。

　次は毎回毎回一定の隙間ができる事例を考えてみよう。毎日定期的に輸送するが2割が常に隙間になっているようなケースだ。1つには使うトラックのサイズが物量に見合っていない、つまりトラックが大きすぎるという考え方がある。この考え方ではトラックサイズを小さくするという改善視点があるだろう。もう1つは物量が少なすぎるという考え方だ。この場合、週に5便走らせているとすれば少しずつ今の隙間を使って荷を前倒しで積み込みトラックを1台減らすという案が考えられる。週4便とするのだ。

　また次のようなケースを見かけることがある。輸送をトラック2便で実施しているが、1便目は満載だが2便目は2割しか荷がないというようなケースだ。いわゆる子連れ便というやつだ。1.2台相当の中途半端な物量のようなときに発生しがちな事例だ。このような場合にはトラックのタイプを変更するということが考えられる。つまり低床車を活用することで荷台容積を拡大し1便で運べるように改善するのだ。

　荷台に積まれている荷姿に注目してみよう。統一性はあるだろうか。ぱっと見で凸凹が目立つようでは統一性がないと考えられる。荷姿がばらばらだと積み合わせも難しくなるし隙間も発生しやすくなる。もし荷姿に問題があるようであればどこかのタイミングで荷姿モジュールの統一を考えたい。

　リターナブル容器を使っている場合は容器が空になったときに返却する必要が出る。空容器の輸送は荷主にとって付加価値ある物流とはいい難い。しかし一般的に50㎥の荷物を運べば50㎥の空容器が発生する。これをそのまま輸送すれば製品を輸送するときと同じ輸送コストが発生するということになる。そこでできれば容器は空になった時点で圧縮できるタイプにすることが望ましい。

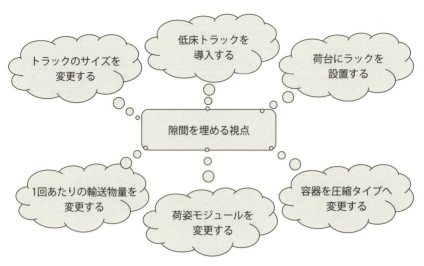

図表4-2. 荷台の隙間を埋める視点

> **POINT**
> - トラックの荷台をぱっと見で判断してみよう。この時点で隙間が目立つようであればトラックの積載率は低いといわざるを得ない。
> - トラックの荷台にラックを置くことや柱パレットの活用などでトラックの荷台を有効活用していこう。
> - 容器のモジュール化や容器の圧縮などもトラックの隙間改善のアイテムだ。タイミングを見て実行していこう。

配車センターを設置し出荷情報を一元化する

　皆さんの会社ではトラック輸送の配車はどこで行っているだろうか。いくつもの部門でいろいろな得意先に対して出荷を行っているものと思われる。製品も異なれば得意先も違うこともある。一方で複数の部門で別々の製品を生産しているが得意先は同じということもある。このような状況下でよくあるパターンが各出荷部門でそれぞれ配車しているというパターンだ。その結果としてそれぞれの部門の物量がトラック1台に満たず、低積載率のトラックが毎日複数台走るという現象を招いている。これは社内コミュニケーションの悪さの結果といわざるを得ない。

　そこで輸送改善の第一段階として社内の出荷情報を一元化することに取り組みたい。この機能をどの部門に置くかは会社によって異なるだろうが、できれば物流部門に配車センターを設置し、そこに出荷情報を集中させることが望ましい。この機能には1人配車担当者をアサインする。そしてその人に配車の権限を渡すのだ。

　このメリットは大きい。日々の出荷の全体像が見えるため、配車担当者はムダのない（あるいはムダが少ない）配車を組むことができる。従来は各部門が単独で配車をしていたため改善の余地が見えなかったかもしれない。しかし今回は日当たり出荷物量が見える化されている。その時点でもう輸送改善の効果は出たようなものだ。日当たり配車台数が3台だったものを2台にすることができれば単純計算ではあるが3割もの輸送コスト改善ができたことになるのだ。

　今まで単独で自由に配車していたものに対してこれからは各部署の出荷物量をパズルのように組み合わせていく。これで常に上手く効率的配車が可能なのかというと、そうは問屋が卸さない。つまりいくつかの超えなければならないハードルが存在するのだ。そのハードルについて確認していこう。

①得意先到着時刻の問題

　A部門では15㎥の荷物を得意先X社に13時に納入していたとする。一方でB部門では20㎥の荷物をX社の近隣にあるY社に15時に納入していたとしよう。両社の間は10分程度しか離れていないとしたときにこの得意先に到着する時刻にギャップが出てしまうとせっかくの混載が成立しないことになる。したがってこの場合、X社かY社のどちらかあるいは両社に納入時刻の変更要請を出し、調整を行うことが必要になる。

②車両の大きさの問題

　得意先の受入場に制約がある場合は注意が必要だ。先ほどの例で考えてみよう。得意先X社は受入場が狭いためトラックは4トン車までしか入れないとする。もし10トン車で混載を考えていたとするとこのアイデアは成立しなくなってしまう。このような事例はよくあることだ。輸送改善を行うにあたって納入先の制約条件についてもしっかりと把握しておこう。今まで運送会社任せにしていたかもしれないこの制約条件の把握、これからは自らの責任で認識していくべきだ。

③情報精度の問題

　出荷情報についての問題点を認識しておこう。それは情報タイミングの問題。各部署の出荷情報はいつ配車担当部署に渡すことができるか。そしてそれに基づいて配車計画を作成し、運送会社にはいつ提示できるのか。これは得意先からの受注情報を受信するタイミングにも関わってくる。例えば配車が輸送当日になってしまうようなことは極力避けたいところ。遅くとも前日に、できれば2日前くらいに渡せるようにしたい。そのために社内で情報のタイミングと予測になる場合はその精度のレベルについて合意しておきたい。

④緊急配車への対応

　社内で配車ルールを作って運用したとしても、何かしらの要因で緊急配車、すなわち特便を配車しなければならないことも発生するだろう。その特便の配車ルールも決めておこう。できれば特便配車も配車セン

ターで行うことが望ましい。なぜなら特便というと新たにトラックを1台配車することをイメージしがちだが、実際には通常便がその方面に走っていることはよくあること。これを認識している配車担当はその便に載せることを考え、異常費用の発生を抑えることが望ましい。

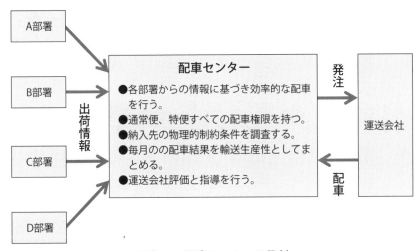

図表4-3. 配車センターの役割

POINT

- 社内に配車センターを設置しよう。そこにすべての出荷情報を集中させ効率的な配車につなげよう。
- 混載を行うにあたっての物理的制約条件や得意先との取り決めについて確認しておこう。
- 混載を検討する際には得意先との納入タイミングの変更についての調整も必要だ。

4 トラック能力を使い切れ！鉄綿混載にチャレンジする

　皆さんにとっては多分初めてお聞きになる言葉ではないだろうか。それが「鉄綿混載」だ。まずこの言葉の意味から理解しておこう。平たくいうと「重くて比較的小さいものと軽くて嵩張るものを積み合わせ、トラックの保有する重量的能力と容積的能力を有効に使う」ことを意味する。重くて比較的小さいものを総称して「鉄」と呼んでいる。比重の大きいものや液体ものなどがこれにあたり、まさに鉄製品やビールなどが一番イメージしやすい。一方で嵩張る割には重量が軽いものを総称して「綿」と呼んでいる。衣類や布団、菓子類などがこれにあたるが最もイメージしやすいものはポテトチップスだろう。

　皆さんの会社の製品はこのどちらだろうか。あるいは両方あるかもしれない。鍛造品の多くは「鉄」であり樹脂製品は「綿」だ。この両者を同一敷地内で生産している会社があるが、この会社には鉄綿混載のオポチュニティーがあることになる。ちなみに「鉄」のような荷物は重量でトラックが満載になってしまい、容積的には余裕が残る。このような状態を重量勝ちと呼ぶ。一方で「綿」のような荷物は嵩が張る割に重量が軽いため、容積でトラックは満載になってしまう。このような状態を容積勝ちと呼ぶ。

　お互いこのような性質を持つため、トラックの重量的かつ容積的能力を引き出すにあたり補完性が高い。混載を行う場合非常に「相性がよい」荷物だといえる。では実際に鉄綿混載を行うとはどのようなことを指すのか絵を見ながら確認していこう。

　まず図表4-4をご覧いただきたい。これは「鉄」を主体に積載し、重量積載率が80％になった状態だ。この状態でトラックの保有する能力をほぼ使っているためほぼ配車は合格点だといえるだろう。しかし実施的には重量的にあと20％余裕があるとともに、容積的には62％もの余

第4章　トラック積載率向上のためのあの手この手

図表4-4.「鉄」のみの輸送で見かける事例

裕がある。そこでこの余裕の範囲内で混載できる何かを探すことになる。ここでの理想は重量的積載率の残20%の範囲内で嵩物を載せることだ。それを実施した結果が**図表4-5**だ。

　これが鉄綿混載のロジックということになる。ここで最初に載せてある「鉄」を少し降ろすことで重量積載率、容積積載率ともに最高となるポイントが見つかればそのような対応も可能だ。これを行うためには常に荷姿情報に基づいた計算を行うことが求められる。

　ただし何でもかんでも同じトラックに積み合わせができるかというとそれは難しい。例えば同じトラックに工業油のついた鍛造部品と食品である菓子を載せることは原則不可能だ。鉄と綿は積載率向上に適してはいるが現実問題としての混載は製品特性による。製品特性による相性にも十分留意したい。

> 積載重量、積載容積計算は配車時に行う必要がある。
>
> 積載重量＝Σ（製品重量＋容器重量）
> 積載容積＝Σ荷姿容積
>
> その時点で適正でないと判断されたら改善を行う。

先ほどの例で考えると…
重量的積載率　80％
容積的積載率　38％

重量的積載率の残20％の
範囲内で嵩物を載せる。

これを**鉄綿混載**と呼ぶ。

図表4-5. 鉄綿混載を実施しよう

POINT

- 鉄綿混載はトラック能力を使い切る有効な手段だ。
- 「鉄」と「綿」は混載を行う場合非常に「相性がよい」荷物だといえる。
- 工業油のついた鍛造部品のトラックに食品である菓子を載せることは不可能。製品特性による相性にも十分留意したい。

第4章　トラック積載率向上のためのあの手この手

5　本業では競争、物流では協業を考えよ

　最近やや脚光を浴びつつあるのがコンペティター同士による共同輸送だ。このきっかけは昨今のトラック運転手不足と将来の輸送力不足が挙げられる。共同輸送がニュースで取り上げられるということはあまり事例がないということに等しいと考えられる。確かに日本では企業間の共同物流は成功事例が極めて少ないといわざるを得ない。しかしこれからは「物流で協業する」時代が必ず到来するだろう。理由は日本製品のコストは東南アジアに比べると相対的に高いこと、先に挙げたトラック運転者不足と輸送能力不足が進展する可能性が大きいことが挙げられる。このようなことを鑑みれば当然他社と手を組むということが考えられそうだが実際はそうでもない。物流の共同化を通して他社に会社の機密情報が洩れるのではないかという不安がネックになっているような気がする。

　では実際に共同物流の中でも最も効果が期待できる共同輸送について考えてみよう。先ほど会社内で情報を集中化することでトラック積載率が向上する機会について説明させていただいた。このケースによる輸送効率化のキーワードは輸送物量と出荷情報の集中化だ。実はこれは何も社内に限ったことではない。輸送物量と情報が集中することは社内外に関わらず物流効率化の原理原則なのだ。だからこそ他社と組んで物量を集め、一定の情報を共有化することでお互いにメリットを享受していくことが可能なのだ。運送事業者では複数の荷主の荷物を混載しながら運ぶことで自社の輸送コストを下げている。これは荷主の輸送情報がわかっているからできることである。

　一方で実際に成功事例の少ない荷主会社主体の共同輸送。何がネックになるのかを確認しておこう。**図表4-6**をご覧いただきたい。ここに挙げた項目がネック項目の例である。例えば配車情報システムについて。

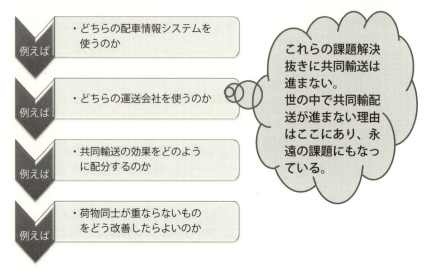

図表4-6. 他社との共同輸送

　お互い受注情報に基づく出荷計画を作りそれを配車計画につなげているかもしれない。もし共同輸送を開始する場合、それぞれが持つ配車情報システムはどうするのか。新たに作るのか、どこかの会社のシステムに統合するのか。それとも別の手を打つのか。

　次に運送会社の問題。お互いに契約している運送会社が異なる場合、どこの運送会社を使うのか。もし物流子会社があった場合、その扱いをどうするのか。自社が契約している運送会社との契約は無くなってしまうのか、などの問題が発生する。

　次に幸いにして共同輸送のメリットが出たとしたらその配分をどのようにするのかという問題。さらに現実問題として荷姿の問題。数字的にはトラックの混載が可能であったとしても荷姿が異なるため実質的に積み重ねができない場合、これをどうしたらよいか。

　このような問題が発生することを前提に、それをどう解決して共同輸

送を成功に導くのかが私たちが検討すべき課題だ。会社間でお互いの主張をいいあっているだけではなかなか成功はおぼつかない。推進のための強力なリーダーシップも必要だろう。

そこでこの共同輸送に関しては2つのアプローチで進めていくことをお勧めしたい。1つは大きな結果を最初から求めるのではなくできるところから実際に行ってみることだ。例えば毎日1パレットだけ、工業団地内の別会社の便に載せさせてもらう。これくらいの簡単なものを実施し実績をつくることだ。

もう1つは近隣の会社と共同輸送研究会を立ち上げて、その中で論議を進めていくことだ。今すぐに実現できなくても2年後3年後に実現できれば御の字ではないか。

物流は物量を集めることで運送会社との取引を有利に進めることなどコストメリットが大きい。このことを考慮すると他社と手を組むことは大いに効果があると考えたい。「本業では競争、物流では協業」が今後のキーワードだ。ぜひ輸送改善の選択肢の一つとして取り組んでみてはいかがだろうか。

POINT

- 輸送改善のキーワードの一つに「本業では競争、物流では協業」がある。積極的に他社と情報交換を行なおう。
- 日本では共同輸送の成功事例が少ないが、考えられるネックを一つひとつ解決することで課題を克服しよう。
- 毎日1パレットだけ他社に混載させてもらうくらいの小さな改善からスタートしてみてはどうか。

6 特便による異常コストを削減する

　もし手っ取り早く輸送コスト削減をしたいのであれば最優先で取り組まなければならないのが「異常コストの削減」だ。当たり前のことかもしれないが意外と意識されずにいることが多い。輸送における異常コストの筆頭は特便だ。得意先への納入に間に合わないので赤帽を手配したという経験はないだろうか。ひどいケースになると担当者が部品を抱えて新幹線でハンドキャリーを行ったという話もある。何人で運ぶのかにもよるが人件費を含めると部品代の何十倍もかかっているかもしれない。もっとダイナミックなのがヘリコプターで運んだという事例だ。海外に対しては航空便で運ぶというケースもある。これも部品代の何倍のコストをかけているのだろうか。

　担当者から今特便を手配しないと得意先のラインを止めてしまうから、といわれれば上司も認めざるを得ないのがこの特便だ。社内でも何となくではあるが「やむを得ない措置」として容認されているかもしれない。しかし当たり前ではあるが先方の責任である場合を除き得意先からは回収できない異常コストに他ならない。

　この異常コストが恒常化してしまっている会社もあるようだが、それは残念ながらその会社のマネジメント力不足としかいいようがない。またこの特便であるが物流部門の予算で走らせている会社があるがこれは望ましくない。常にその要因を作った部門の予算で発注しなければならない。特便は高い。交渉などする余裕もないだろう。この事実は責任部門予算で発注する際には一定の効果がある。それは「痛みを感じる」ということだ。高いコストであればあるほどその痛みはより大きく感じられるだろう。

　ではこの特便をどのように減らしていったらよいだろうか。モノづくりの改善や品質向上、設備トラブルの改善など要因は多岐にわたる。そ

してそれらは物流部門では解決できない。しかしひとつだけできることがある。それは特便発生部署に恥をかかせることだ。会社の中で誰もが目にする場所に特便発生状況を掲示するのだ。その中には異常費用のコストも明示する。これは意外と効果がある。それもそのはず。大勢の社員の目に触れることでどれだけ自部門が会社に損失を与えているかがわかってしまうからだ。その部門長は会社の中を胸を張って歩けなくなる。これくらいのことをしないと各部門ともに本気にならない可能性があるのだ。

「今すぐに運ばないと得意先のラインが止まる」という話は社内での一種の脅し文句だ。「だからやむを得ないだろう」という主張は厳しい会社では通用しない。

以上が異常コストを無くしていくための方策だ。百歩譲って緊急輸送が避けられない場合には先の配車センターのところで説明させていただいたように、次の通常便の隙間に載せられないかどうかを検討することだ。こうすれば少なくともトラック1台分の追加コストは発生しない。

もう一つ異常コストを減額する方法は運送会社とあらかじめ緊急輸送時の単価を合意しておくことだ。その都度赤帽などの新規業者を探して運んでもらう場合、足元を見られてとんでもない金額を吹っ掛けられる可能性がある。異常費用をあらかじめ決めておくことなど本末転倒であるかもしれない。しかし会社の実力を考えると緊急輸送は当面は回避できない可能性がある。そうであるならばできるだけ安く運ぶことも現実問題として必要だろう。

余談ではあるが海外に緊急輸送する際に社員が荷物に忍ばせてハンドキャリーすることがあると聞いている。この行為は輸出行為にあたるためきちんとした通関手続が必要になる。この手続をせずに安易に持ち込むと法令違反になる可能性があるので注意されたい。

5月末時点 課別特便発生状況

	加工1課	加工2課	組立1課	組立2課
10便				
9便				
8便				
7便				
6便		累計175,000円		
5便		■		
4便		■		
3便	累計70,000円	■		
2便	■	■		累計35,000円
1便	■	■		■

図表4-7. 特便発生状況

POINT

- 手っ取り早く輸送コスト削減をしたいのであれば最優先で取り組まなければならないのが「異常コストの削減」だ。
- 物流部門ができる異常コスト削減への貢献アイテムは「会社の中で誰もが目にする場所に特便発生状況を掲示」することだ。
- 異常コストを減額する方法として運送会社とあらかじめ緊急輸送時の単価を合意しておくことも考えられる。

7 規制緩和で輸送のコストを削減する

　規制とは言葉を変えると納入条件のことを指す。例えば時刻指定がある。時刻指定は運送事業者にはどちらかというと評判がよくない。毎回その時刻に行くことが困難な場合があるからだ。そこで例えば渋滞が発生しがちな朝夕に首都圏を通らなければならない会社には規制緩和し、「到着時刻に幅を持たせる」というようなことを考えてもよいのではなかろうか。

　別の視点で見ると荷降ろし場所の細分化が挙げられる。工場が同一敷地内にある場合、第一工場の荷降ろしと第二工場の荷降ろしが発生する。この程度であれば問題はないだろう。しかし、例えば第一工場の荷降ろし場の中が10分割されており、輸送してきた荷物を10の場所にそれぞれ荷降ろしする。この場合、まず10箇所降ろし時に迷いが発生し、荷役時間が延びることが考えられる。次に荷降ろし間違いが発生するリスクが大きくなる。さらに荷降ろし荷物の細分化によるトラック積載率の低下が挙げられる。例えば第1納入場所から第10納入場所までの荷があったとする。この時にパレットを10分割し、それぞれの納入場所単位にパレタイズして輸送することが考えられる。こうしておくことで到着したらすぐフォークリフトで荷降ろしして荷役を終了することができる。しかし、パレットはトラックの荷台の上では積載率を低下させるロス要因になる。この要因を発生させる原因となる荷降ろし場所の細分化はできるだけ避けたい。そこで着荷主側で規制緩和し、荷降ろし場所は細分化せず、1箇所あるいはせいぜい2箇所程度とする。そして荷の仕分けは着荷主側で実施するということも考えてもよいだろう。

　到着時間帯の幅を広げることも規制緩和の一つだ。朝8時から夕方5時までに納入せよという会社が多い。しかしこの幅を広げることでトラックの回転率が向上する場合もある。ある会社では時刻指定はするも

のの、一定の理由がある会社の荷物は指定時刻に関わらず24時間受け入れ可能とした。すべての会社に対して規制緩和をしてしまうと統制がつかなくなってしまうので、先ほど記した「首都圏を抜ける会社」のように条件を絞って行うことでも構わない。一度運送事業者の要望を聞いてみるとよいだろう。

スペースがあればの話だが、大型トレーラーでの納入を認めるということも考えてみてはどうだろうか。スペースはトレーラーが進入できるスペースと輸送ロット在庫を一時的に置けるスペースが必要になる。指定納入回数が一日に4回のものをトレーラー化で2回になるかもしれない。これも規制緩和の一つだ。納入回数の変更は物流だけで決められることではないため社内調整が必要になる。

構内での棚入れ作業などの追加的荷役作業もぜひ規制緩和したいアイテムだ。もし契約書に記されておらず支払い対象にもなっていないのであれば不当な経済上の利益の提供に該当する可能性があるので止めさせなければならない。もし契約の対象となっているのであればこのような追加的荷役作業を廃止し、そこは着荷主側で実施するという規制緩和を実施してみたらどうだろう。

以上示したような規制緩和は輸送のコスト削減につながる。つまりトラックの積載率向上に貢献したり回転率向上に貢献したりすることで運送事業者のコスト削減につながるのだ。それは荷主の支払い単価を構成する原価を低減することにつながる。さらにトラック運転者不足対策にも寄与する。荷主側にも着荷主側にもメリットはある。頭を少し柔らかくしてアイデアを考えていこう。

POINT

- 規制緩和は運送事業者のコスト削減につながる。それは荷主の支払い単価を構成する原価を低減することにつながるのだ。
- 時刻指定や納入場所の数、使用トラックの大型化などの規制緩和を実施してみよう。

第5章

戦略的調達物流への取り組み

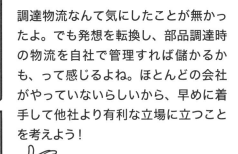

調達物流なんて気にしたことが無かったよ。でも発想を転換し、部品調達時の物流を自社で管理すれば儲かるかも、って感じるよね。ほとんどの会社がやっていないらしいから、早めに着手して他社より有利な立場に立つことを考えよう！

1 調達物流について再認識しよう

　調達物流は部品や資材などをサプライヤーから調達する際に必要となる物流のことを指す。サプライチェーンの最上流で発生する物流である。この調達物流、実は日本には存在しないといわれる。なぜなら調達側が主体となって実施することは稀であり、実質はサプライヤー側が主体となり顧客に部品などを届けているからだ。つまり実態はサプライヤーの販売物流になっているのだ。調達側には物流について何をすることなくモノが届けられる。気にすることはまったくといってよいほどないのだ。

　今までも自分たちがやっているかいないかに関わらず輸送の実態は把握するように述べてきた。この調達物流に関する輸送も皆さんは把握されてきたと思う。もしこの輸送を自社で実施するとなるとサプライヤーの販売物流から自社の調達物流に変わるのだ。

　ではなぜここで調達物流の話を出したのか。それはこの調達物流を自分たちのマネジメント下に置くことがとても重要であるからだ。真の調達物流とは調達側で管理実行する調達するための物流だ。つまりサプライヤーに自らトラックを仕立てて引き取りに行くのだ。この調達物流を行うことのメリットは大きい。そのメリットについて確認していきたい。

　1つに部品調達のタイミングを自分たちでコントロールすることができるようになることだ。従来サプライヤーに対して納入回数と納入タイミングについて要請してきたことと思う。しかしこの要請に対してすべて満足いく回答が得られなかったのではないだろうか。例えば在庫の関係で1日分をまとめて納入されるとエリアが不足するときに、複数回へ分割納入を要請することはよくあることだ。しかしサプライヤーの立場に立つと例えば4分割することはトラック1台で運べるにもかかわらず

第5章　戦略的調達物流への取り組み

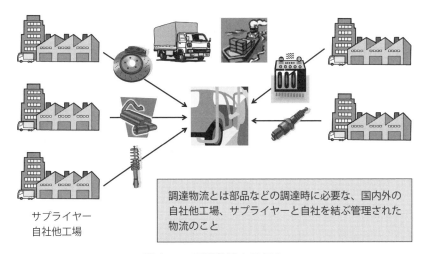

図表5-1. 調達物流とは何か

4台配車が必要になることを意味する。サプライヤーから満足いく回答が得られないのはこのような理由による。ではサプライヤー同士の共同輸送を依頼したらどうかということを思いつくかもしれない。そうすれば物流コストを上げずにジャストインタイムに応えることができるから。理屈はその通りである。しかし実際に荷主でもない第三者が口出ししてもなかなか進まないというのが現実だ。この一見困難に見える問題を根本的に解決できるのが引き取り方式だ。つまりジャストインタイム調達をやりたくても今までなかなかできなかったものが、実現できるという大きなメリットがあるのだ。

2つ目に輸送コストの削減が可能となる。しかも相当大きな削減が可能となると思われる。このロジックは後で詳しく説明するが、一言でいうと今後調達に関わる輸送は自分たちで改善を含めてマネジメントできるようになるとともに、運送会社を集約することで輸送価格低減を含めた輸送全体のコストが削減できる。

従来輸送コストは部品費の中に含まれていたため物流部門は意識することは無かった。この物流コストを含め購買部門がサプライヤーに対して部品費の値下げ要求をしてきたと思われる。しかしこの部品費の値下

げは工場に不利益をもたらしていた可能性がある。それはサプライヤーが部品費を下げるための条件として納入回数を減らしたり荷姿を大型化したりすることを購買に要望している可能性があるからだ。購買は部品費削減のタスクを負っているため、この要望に応えてしまうことがある。結果として工場内在庫が増えたり、工程内在庫が増えたりするなど工場にとって不利益なことが発生していたと考えられる。

部品調達時の輸送をサプライヤー任せにして本当に大丈夫？その輸送って本当に妥当なコストレベルなの？これだけ部品を購入しているのだから、その輸送コストは相当なレベルだと思うよ。実態についてちょっと調べてみようよ。

POINT

- 調達物流は部品や資材などをサプライヤーから調達する際に必要となる物流のことを指す。
- 従来サプライヤーが行っていた物流を自ら引き取りに行くとともに自社の管理下に置くことこそが真の調達物流だ。
- 調達物流のメリットはジャストインタイム調達と輸送コスト削減の両立である。

2 調達物流での困りごと

　工場の至上命題は良いものをより安く高品質で市場に提供することにある。市場の変化は激しく、製造会社はその変化にもタイムリーに対応できる効率的なサプライチェーンを構築していかなければならない。サプライチェーンの重要なポジションである生産工程は市場のニーズに応えるためにリードタイム短縮活動、生産コスト削減活動に必死で取り組んでいる。工場内効率を向上させるために工場内在庫削減にも取り組んでいる。生産工程では工程内仕掛や工程間在庫を極限まで削減しリードタイム削減に寄与している。

　この延長線上で調達部品在庫も削減することが求められる。工場としては今必要な部品だけを工場の中に引き込みたいと考える。ごく自然な考え方だ。これを実現するために部品のジャストインタイム調達を実施したいとも考える。まさにまったく否定の余地のない考え方だ。

　しかしその実現となると容易ではない。調達物流といいつつも実質的にサプライヤーの販売物流になっていることが要因だが、この構造をよく理解していない工場の担当者は部品サプライヤーにさまざまな要求をすることになる。

「今まで日に1回納入だったものを4回納入にして」

「今日の午後発注分を午前便で先行納入するのは止めて」

「午前生産分と午後生産分は荷姿を小型化して分けて納入して」

　工場担当者は素直な気持ちでこのようなことをサプライヤーに要請していると思われる。「買い側」はお客様なのでサプライヤーは何でもいうことを聞くべきだと勘違いしている人もいるかもしれない。しかし物流的にいうと輸送コストを負担しているのはサプライヤーなのだ。運送会社との契約主体である荷主もサプライヤー、この関係を理解せずに要請だけぶつけても実現は簡単ではない。もし自分がサプライヤーの立場

だったらどう対応するかについて考えてみるとよいだろう。

　皆さんの会社が困っていることとは別の点でサプライヤーは困っている。それが物流コストだ。皆さんの会社に部品を納入する際に必要となる物流、特に輸送コストが上昇基調にある。これを何とかしたい。単位当たり物流コストをキープするために皆さんの会社にいろいろな要請をしてくることが考えられる。

「今の納入回数2回を1回に減らして欲しい」
「午前便のトラックに隙間があるので午後分の先行納入を
　認めて欲しい」
「トラック回転率を上げたいので納入場所を集約して欲しい」

　どうだろう。もしかしたらすでにこのような要請がきているのではないだろうか。この要請の多くが皆さんの考えていることと反対の結果を

図表5-2. 調達物流の問題点

招くことにお気づきだろうか。ここで改善をあきらめてしまっては意味がない。しかし解決が容易ではないことだけは理解できるだろう。

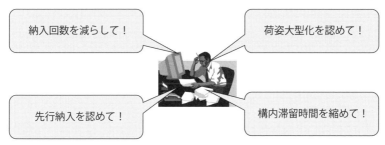

図表5-3. 調達物流の問題点

POINT

- 工場内効率を向上させるために調達部品在庫も削減することが求められる。
- 輸送の主体はサプライヤーのため要請することが必ずしも簡単に実現できるわけではない。
- サプライヤーも物流コストをキープするために皆さんの会社にいろいろな要請をしてくることが考えられるが、その多くが皆さんの会社の思いとは反対の結果を招く。

3 会社のポリシーが問われる調達物流の位置づけ

　先に記した工場の思いとサプライヤーの思い。これは一般的に相反するものにならざるを得ない。もしサプライチェーンの構成員の統一した思想が明確でなければこうなることは必然だ。サプライチェーンを清々とした淀みの無い流れにしていくためにはサプライチェーンのホルダーたる会社が指揮を取ってその思想と目的を明確にし、リーダーシップを発揮して実現していくことが求められる。その過程で調達物流はどうあるべきかが議論され、そこで決定された姿に構築されていくことが望ましい。

　しかし残念ながら大半のサプライチェーンでそのような形にはなっておらず、それぞれの構成員が自分の都合のいいように解釈して個々に活動しているのだ。例えばサプライチェーンホルダーである会社の中でも考え方が統一できていないと、それぞれの部門が自分に有利となる解釈を行い日々の活動を行なってしまう。

　その典型が工場と購買部門の対立だ。先にも記したが工場は生産効率を最優先し、顧客の求めるリードタイムで製品を提供しようと考えている。その考えの下工場内在庫を圧縮し、生産性向上と工場効率向上を追求している。一方で購買部門は購入品コストを低減することが最優先課題となっている。製造コストに占める材料費の比率が大きいため、購買がそのコストを下げることは会社の財務値の改善に寄与する活動だ。

　この考え方の違いに基づくバラバラな活動はどこかにメリットは出るかもしれないが同時に歪も発生させる。工場における生産性向上も購買部門における購入品コスト削減も長年続けてきており徐々にアイテムが少なくなってきている。このような状況下では「声の大きい方が有利」になる傾向がある。それはどちらかというと目先のキャッシュに効く立場の主張だ。この対立軸では購買部門の意見が通る可能性が大きい。

購買はサプライヤーにコスト削減の要請を常に行っているが、アイテムが枯渇してくると一般的には「掟破り」にも見えるところにも手を付けざるを得なくなる。それが物流だ。先ほどのサプライヤーの要請を受け付ける代わりに部品代金を値引きしてもらう。購買部門としては痛みを感じることはない。数字的に会社に貢献していることも間違いない。しかしそのしわが工場に発生し、それがサプライチェーンの淀みの発生につながるのだ。

　会社がまさに傾きかけているような緊急時にはこのような方法も考えられる。またその結果として生じるメリットとデメリットを天秤にかけて判断するという会社もあるだろう。それを否定するつもりはない。会社の方針に沿った形での活動であれば非難されるいわれはないからだ。しかし皆さんに考えていただきたいのは個々の事象での効果にとどまらずサプライチェーン全体への影響だ。今やサプライチェーンをトータルで進化させ、全体効率を向上した企業グループが市場での勝者になる。その勝利の秘訣はサプライチェーンを効率化し、全体在庫を圧縮し、淀みの無い清々とした流れをつくること。この流れをつくることで市場へのアクションが早まり、その延長線上に売上向上とシェア拡大が控えているのだ。

　改善は下流から実施していくという鉄則がある。今回の事例では出荷に合わせて工場が高効率の生産を行い最終在庫の削減にも寄与する。そしてその上流工程における調達部品も必要数だけ引き込み材料在庫削減に寄与する。それを実現するためのサプライヤーのモノづくりと調達物流の改善を実行する。このようなステップをすべて踏んでいくことこそが会社にとって重要だということを認識しておきたい。

図表5-4. 購入品コスト削減の視点から見た改善

POINT

- サプライチェーンの構成員としての統一した思想が明確でなければ個別の利害が対立することは必然だ。
- 今やサプライチェーンをトータルで進化させ、全体効率を向上した企業グループが市場での勝者になる。
- もし会社の中で部品調達に関して利害が対立するようであれば、会社としての方針を今一度見直してみよう。

調達物流改善としての VMI と共同納入

　もし工場と購買部門との間で先ほどのような事例が発生した時に折衷案として考えられる方法にVMIがある。VMIとは Vendor Managed Inventory の略称で、ベンダー（サプライヤーと同語）、つまり部品や資材（部品など）の供給者によって顧客に提供する部品などの管理された在庫のことを指す。通常顧客の近隣倉庫で管理され、顧客の生産状況に応じて顧客への納入と倉庫への在庫補充が行われる。顧客にとっては部品などのジャストインタイム調達が可能となり、工場内に不必要な在庫を保有する必要がなくなる。一方でベンダー側は在庫とそれを保管する倉庫が必要だ。

　このメリットの一つは工場が不要な在庫を工場内に引き込む必要が無くなるためにジャストインタイム調達ができる点だ。サプライヤーにとっては顧客の近隣倉庫にまとめて部品などを運ぶことができるため輸送コスト削減が可能となる。大抵の場合、複数のサプライヤーで共通倉庫を使って実施している。工場でジャストインタイム調達ができるということはそのサプライヤーの物流サービス度が向上したことになり、サプライヤーに対する評価も高くなる。協力的な会社と評価されるからだ。先ほどの例のようにサプライヤーの要請をそのまま受け入れ、工場に不要在庫を押し込むやり方は工場にとって受けが悪い。サプライヤーの評価は低くならざるを得ない。これを回避できるとともにサプライヤーで負担する物流コストもトータルで低減されるため折衷案として採用されることが多い。

　ただし倉庫オペレーションのために新たなコストが発生することは事実。倉庫までの輸送コストが下がるが、倉庫オペレーションと工場への配送費は新たに発生する。昨今では物流会社が倉庫を提供するとともに、複数のサプライヤーのオペレーションを引き受けるようになってき

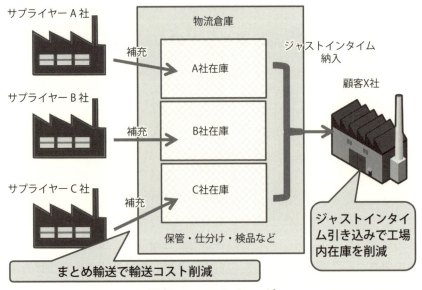

図表5-5. VMIのイメージ

た。これによってサプライヤーは倉庫運営にかかるコストを抑えられるようになってきているようだ。ただしこの方式はあくまでも折衷案であるため100点満点のアイテムではない。さらにサプライチェーンの観点から見ても工場の近隣倉庫で部品などの淀みが発生してしまう。しかもこの在庫はサプライヤーの資産である。サプライヤーが在庫を抱えて顧客に対するジャストインタイム納入を可能にしているだけであるので、積極的に推奨できる方式とは言い難い。

　もう一つの改善方策がサプライヤー同士の共同納入だ。これは先に解説させていただいた共同輸送がベースにある。顧客の近隣に倉庫を持つのではなく、サプライヤー同士でトラックを仕立ててお互いの工場に立ち寄りながら荷物を混載していく。そして最終ユーザーである皆さんの工場に納入することになる。原則として納入のための在庫を必要以上に保有する必要がないためVMIよりは望ましい方策だと考えられる。ただし共同輸送にはいくつもの解決すべき課題があることは説明させていただいた通りだ。力のある最終ユーザーの会社では物流研究会を立ち上

げサプライヤーを集めて効率的物流について勉強を実施している。このような組織があるとサプライヤー同士お互いの困りごとを共有することができ、その延長線上で共同輸送という選択肢が出てくることがある。やはりこの時点でもサプライチェーンのホルダーである会社の力強いリーダーシップが必要になるということだ。皆さんにはサプライヤーの意見を聞いたり必要な指導をしたりすることが求められている。工場内在庫削減という物流改善を実行するためにはこのような努力も欠かせないことを認識しておきたい。

> へー、VMIって初めて聞いたよ。たしかにジャストインタイム納入のための方策ではあるね。サプライヤー同士の共同納入ももっと増えてもいいと思うけど、なかなか事例はないなー。うちとしてはジャストインタイムで納入して欲しいので、今度サプライヤーさんと話をしてみよう。

POINT

- VMIのメリットは工場にとってはジャストインタイムで部品などを調達できること、サプライヤーは輸送コストを削減できることだ。
- サプライヤーはジャストインタイム納入のための在庫を保有する必要がある。
- サプライヤー同士が共同輸送を行って顧客に納入する共同納入方式も調達物流改善の選択肢の1つだ。

5 現状調達物流における資産授受ポイントと責任範囲

　繰り返しの説明で恐縮だが調達物流といいつつも実態はサプライヤーによる販売物流になっている。物流に関する責任と権限はサプライヤーにあり、サプライヤーが自らのコストで顧客の元まで部品などを届けることが責任範囲となっている。ここで権限とはどのような運送会社と契約し、どのようなルートを通って顧客のところまで届けるか、つまり物流サービスの内容を自ら決定するという権限のことである。納入回数は工場にとってキー項目ではあるが、そこまで契約にはうたわれていないことが多い。そうなるとトラック積載率低下につながる納入回数の変更はお互いの利益が相反する事項となりがちだ。

　このサプライヤーの物流担当範囲を図で確認してみよう。**図表5-6**をご覧いただきたい。これはサプライヤーの資産がどこで顧客に移転するのかを示している。資産移転ポイントは顧客の軒下となっている。これ

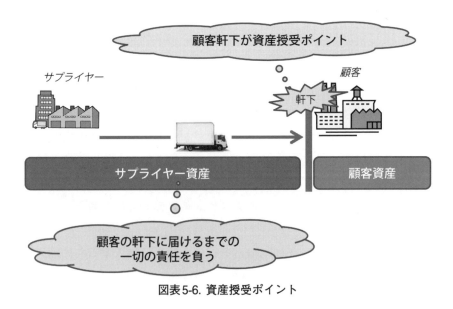

図表5-6. 資産授受ポイント

は契約内容で決定するが大半の契約上のポイントは顧客の軒下であると推定される。このことは何を示しているのか。それはサプライヤーは顧客の軒下に届けるまでの一切の責任を負うということ。サプライヤーは定められた納期に定められた品質の部品などを届けることになる。この品質には輸送品質も当然含まれる。サプライヤーは輸送品質を保持するために輸送途上の揺れなどに対応できる荷姿を設計し、その荷姿を構成する容器や緩衝材を購入して荷姿をつくりこむ。この輸送用荷姿についての責任もサプライヤーが持つことになる。ここで「輸送用」と記したことがポイントだ。あくまでも軒下に届けるまでの荷姿が輸送用荷姿だということになる。ただし実質はその荷姿のまま生産ラインに供給している会社もあり、その荷姿とは供給用荷姿ということになる。

サプライヤーは契約した運送会社についても顧客に対する責任を負う。その運送会社が輸送遅れによって顧客に迷惑をかけることがあるとすればその責任はサプライヤーにある。輸送途上に荷台の中で荷崩れを起こして部品などを損傷した場合は顧客に対してサプライヤーが一義的に責任を負うことになり、良品を追加で発送しなければならなくなる。顧客に到着してからの荷降ろし作業を運送会社が行う場合、その安全や品質についても責任を負う。まれに荷役時の荷崩れや物損事故などが発生することがあるが、当然のことながら責任を負うのはサプライヤーだ。

ではどこでこの責任範囲が変更されるのか。それは顧客側が納入された部品などを受領した時点ということになるだろう。受領とは「弊社で受け取った」という認識がされた時点であり、一般的には納入検査が行われ納入品に問題ないと顧客側が判断した時点ということになる。もしその時点で不良品などの明らかな問題が発見されればその部品などを受領せず返品することになるだろう。部品などが受領されればそれ以降は顧客の資産となり部品などに関する責任が移転される。

この責任範囲からわかることは顧客の軒下に到着して受領されるまでの物流に関する責任と権限はサプライヤー側にあるということ。つまり

この領域を決定できるのは原則としてサプライヤー側にあるので契約に基づかない要請を顧客はできないということだ。よくある事例として荷物の棚入れ作業や生産ラインへの供給が挙げられる。一般的にこれらの作業は輸送業務とは別の仕事であると解釈される。サプライヤーとの契約に記されていない場合、これらの作業を納入に来る運送事業者に強制することはできない。仮に強制したとしてもその作業の途中で発生したトラブル、例えば荷崩れや部品落下などの責任をサプライヤー（運送事業者を含む）に負わせることはできないと考えた方がよいだろう。

こんな視点で物流を見たことはなかったな。たしかに現状はサプライヤーさんにすべてお任せになっているんだね。ということは、工場に到着した後にトラック運転者の方にいろいろなことをやらせてはいけないね。私たちが輸送の契約者ではないんだ！

POINT

- 調達物流が実質納入方式（サプライヤーが届ける方式）になっていれば一般的な資産移転ポイントは顧客の軒下となる。
- サプライヤーは顧客の軒下に届けるまでのSQCDに関する一切の責任と権限を負うということになる。
- 資産受領後は顧客へすべての責任が移転される。受領後にサプライヤー（運送会社を含む）に契約外の仕事をやらせてはならない。

第5章　戦略的調達物流への取り組み

現状調達物流における物流費の位置づけ

前項で資産授受ポイントと物流に関するサプライヤーと顧客の責任範囲についてご理解いただけたものと思う。ではこの物流に関する対価（物流費）はどのようにして決められ顧客からサプライヤーに支払われているのだろうか。**図表5-7**をご覧いただきたい。この図が多くの会社で採用している物流費の扱いだ。大抵の会社で物流費は「管理費」と称する部分に含まれていると判断される。例えば管理費は部品価格の15％でその内4％相当が物流費であるとされたとしよう。単純に考えると部品費部分が1000円だとすると管理費は150円、その内40円が物流費ということになる。

部品価格（部品価格＋管理費＋利益）

部品価格　　　　　　　　　　　　　　　　物流費？？

- ■自社へ納入してもらうために要する物流費は部品価格の中に含まれている。
- ■しかしその物流費がどれくらいなのか把握されていないケースが多い。
- ■つまり調達物流費が**ブラックボックス化**されている可能性が大きい。

図表5-7. 物流価格の位置づけ

この比率については多くの会社が契約の基本としており、会社間で同じ比率としているケースが見られる。先ほどの例でいけば部品費が100円であれば物流費は4円だ。まずこの契約方式では明確に物流費がサプライヤーに支払われているという事実は確認できる。その是非はともかくとして。この購入費査定は会社の中では購買部門が実施している。是非の一つはバイヤーがその物流費の妥当性を精査できているのか、という点だ。比率で決めている理由は何だろうか。それは「物流はよくわからない」、「だから大体これくらいに設定しておけば問題ない」という判断ではないだろうか。なぜならもし物流コストをきちんと把握できるのであれば比率ではなく実額で示すだろうから。

　是非の二つ目は物流費の構成要素だ。これは比率にしているので多分中身はわかっていないと推測される。しかし物流費は輸送費だけではない。サプライヤーが在庫保管を行う際の保管費や輸送や保管時に必要となる荷姿費も含まれる。工場や倉庫における荷役費も当然物流費の一部だ。この内容が不明である場合将来的に自社でサプライヤーまで引き取りに行ったときに「いくら価格改定したらよいか」がわからないことになる。後述するがこの事実が引き取り物流を実施する際の最大のネックとなるのだ。自社の調達物流費がブラックボックス化していないかどうかは確認しておこう。その判断のために一番効果的な方法は購買のバイヤーに特定の部品について物流費がいくらなのかを聞いてみることだ。

　実はこの物流費に含まれないと思われる要素としてサプライヤーの「物流管理コスト」があることに注意が必要だ。これは引き取り物流実施時に多くの会社が意識せず、価格改定の対象としていない領域だ。サプライヤーは現時点で輸送をアウトソースしている場合、それに関する工数が社内で発生している。

　例えば効率的な配車を行うためにどのような積み合わせを行うのかを検討している。さらに運送会社へ発注するとともに輸送管理、つまり顧客に到着するまでに発生するトラブルへの対応も実施している。そして運送会社マネジメントもサプライヤーの大切な管理業務となっている。

もし顧客による引き取り物流が行われるとこの領域の仕事の大半が不要となるのだ。実際に引き取り物流に変更されたサプライヤーではその人員が不要となり別の仕事に振り向けることができている。同時に今までやってきた輸送関連業務が無くなるため、それに必要であったスキルも消失してしまっている会社を見かける。ただし顧客との取引においてはこれらの業務コストは「管理費」の比率の一部であると推定される。つまり顧客からは回収はできているものと思われる。

　さてこの比率で示される物流費であるがその水準はどうだろうか。実際にかかっているコストと比べて高いのか低いのか。これについては顧客側のバイヤーにはわからないことだろう。ただしサプライヤー側では当然認識できている。もし明らかに赤字であればサプライヤーから顧客のバイヤーに対して何かしらのアクションがとられていると考えられる。それがないのであれば少なくとも実際の運用時よりも高い水準にあると推定される。

POINT

- 大抵の会社で物流費は「管理費」と称する部分に含まれている。
- 物流費の内訳まではサプライヤーと顧客で共通認識を持っているとは限らない。
- 実は物流費として認識されていないと推定されるものとして物流管理コストがある。これは管理費の一部であると思われる。

7 調達物流の使命とは何か

　私たちが調達物流改善を行うにあたって最初に確認しておかなければならないこと、それは調達物流の使命を認識することだ。これが不明確だと単なるコストダウンの追求にしかならなかったり方向性を間違えてサプライチェーンの効率を低下させたりすることにつながりかねない。ただ単純なコスト削減にとどまらない本来あるべき調達物流について考えていこう。

　サプライチェーンのあるべき姿とは淀みなく清々と流れ、顧客までのリードタイムを徹底的に短縮したものととらえることができるだろう。その姿を目指してサプライチェーンの構成メンバーが同じスピードで動いていくことが望まれる。「同期」という言葉がふさわしいかもしれない。前工程と後工程が同期すれば原則として余分な在庫は発生しないし淀みも発生しない。前後工程があたかも一本のコンベアでつながっているイメージだ（図表5-8）。例えば皆さんの工場の生産ラインとサプラ

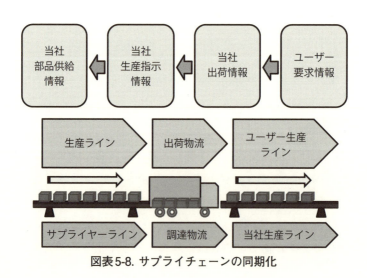

図表5-8. サプライチェーンの同期化

第5章　戦略的調達物流への取り組み

イヤーの生産ラインがつながっているイメージである。あるいは皆さんの会社の生産ラインが顧客の生産ラインとつながっているイメージということになる。ここで私たち物流が何を貢献しなければならないかだ。間に入っている物流はこのコンベア間でのネックになってはならない。できれば顧客で使う順番で部品などを運ぶことが理想だ。それができなくても顧客が一定期間で使用する量だけタイムリーに輸送することが求められる。

　ここでもし顧客が使用する量が100個であるにもかかわらず、200個運んだとしたら顧客の中で100個の部品の淀みができてしまう。顧客の工場に限らずモノづくりの現場では「確定情報」に基づき「最小のコスト」で「最小のリードタイム」で生産を実行することが求められる。物流の使命はこの生産の実現をサポートすることにある。同じ見方をすると「確定情報」に基づき「最小のコスト」で「最小のリードタイム」で輸送を行うということにある。

　これこそが調達物流の使命ということになる。これを受けて私たちは調達物流を設計していくことが求められるのだ。「確定情報」とは生産を行うための情報であり、物流も同じ情報に基づいて動く必要がある。なぜなら違う情報を使えばその分だけ在庫などのロスが発生するからだ。これは先ほどの生産個数の例で述べた通り。次に「最小のコスト」で物流は行動しなければならない。ここが物流に課された大きな課題だ。生産に必要な数だけ運ぶとなるとトラック積載率が低下し輸送コストは上昇する可能性がある。これを回避するさまざまな方策を打たなければ使命を実現できないことになる。だから私たちは知恵を絞って使命実現の方策を打たなければならないのだ。「最小のリードタイム」で輸送を行うということは輸送に要する時間をかけすぎないこと、早着しすぎないことだ。顧客は部品などを生産で使用する何時間前に納入して欲しいという基準を持っていることが多い。これを遵守することでリードタイム基準はクリアできるものと思われる。

製造業における調達物流は物流でありながら「生産の一部」であると考えた方がよい。あくまでも前後工程をつなぐコンベア的存在なのだ。ということは物流の知識だけではなく生産の知識も持ち合わせていないと顧客のニーズに応えられないということも発生する。顧客の生産方式が1日に1回生産を行うデイリー生産なのか、1シフトに1回生産を行うシフト生産なのか、あるいはそれより細かい単位で生産を行うのかを理解し、それに合わせた形で輸送を設計することが製造業における調達物流の使命なのだ。つまり生産に同期した輸送を行うことが求められているということを理解しておきたい。

> 私たちは部品調達についてあるべき姿を考えるべきだね。大原則は今必要なモノだけ調達するということだ。安易に調達頻度を落として在庫を増やすんじゃなくて、混載などを行いながらジャストインタイムを維持することが必要なんだね。

POINT

- 調達物流の前提としてサプライヤーと自社の生産ラインがあたかも一本のコンベアでつながっているイメージを持とう。
- 前後工程をつなぐ調達物流の使命は、「確定情報」に基づき「最小のコスト」で「最小のリードタイム」で輸送を行うこと。
- 生産に必要な数だけ運ぶとなるとトラック積載率が低下し輸送コストが上昇する可能性がある。これを回避するさまざまな方策について知恵を絞ることが私たちに課されているのだ。

使命実現のための調達物流のあり方

　調達物流の使命について驚かれた方もいらっしゃることと思う。そう簡単には達成できるものではないという素直な感覚を持たれたのではないだろうか。私たちは物流だけをよくすればよいというものではない。あくまでもサプライチェーン全体を効率化する責務を負っているのだ。この認識の下、調達物流の使命という高いハードルも乗り越えていくことが必要なのだ。

　まずこの視点から私たちは何をしなければならないのかを確認していこう。現時点での調達物流はサプライヤーが実施している。このことが調達物流の使命に照らして何か不具合を発生させていないだろうか。もしかしたら次のようになっているかもしれない。

① 「確定情報」：サプライヤーへの発注が確定情報であれば調達物流は確定情報で動いている。
② 「最小のコスト」：多分不明である。あくまでも取引価格時に比率で決めたコストを顧客側で負担しており、それが最小である保証はない。
③ 「最小のリードタイム」：多分そうなっていない。顧客の調達頻度はサプライヤーの輸送コスト上昇の要因となるため、まとめ輸送が行われている可能性がある。VMI方式がとられている場合はその分だけサプライチェーントータルリードタイムは延びている。

　結論からいってしまおう。それは真の調達物流に変更することだ。つまり皆さんの会社が調達部品輸送の荷主になること。それは皆さんの会社が運送会社と契約し、サプライヤーに部品などを引き取りに行く「引き取り物流」を行うことを意味する。これが調達物流の使命を実現するための最短の近道になる。

その理由を説明していこう。現状の調達物流で実現できていないあるいは不明である部分が引き取り物流化でどのように解消できるのかについて。引き取り物流化は最小のコストになり得るか？その可能性は極めて大きい。その理由の一つが運送会社の集約にある。今までサプライヤーが100社あったとしよう。サプライヤーがそれぞれ別の運送会社と契約していたとしたら100社の運送会社が存在することになる。ここでもし皆さんが荷主の立場になったとしたらこの100社のすべての運送会社と契約するだろうか。多分そんなことはしないだろう。せいぜい1社か2社とだけ契約することになる。これが何を意味するか。今まで100社に分散していた荷物が1社か2社に集約されることになるのだ。もうおわかりかと思うが、従来の契約価格よりも圧倒的に有利な価格を得るチャンスが生まれるのだ。

　もう一つの理由は混載によるトラック台数の減少だ。従来サプライヤー単位で納入していたものは必ずしも常に積み合わせを実施できているわけではないだろう。今後は自社の采配でトラックの手配を行うため、複数のサプライヤーを巡回して積み合わせを行うことになる。その結果としてトラック台数を減らすチャンスが生じる。結果的に輸送コストを削減することにつながるのだ。

　引き取り物流は最小のリードタイムで運ぶことをも可能とする。今後サプライヤーには引き取りに行くタイミングで必要な数量だけを生産し、軒下に置いておいてもらうことになる。原則としてVMI倉庫も不要となりサプライチェーントータルリードタイムを短縮することにつながるのだ。

　これら実現の重要ポイントは自ら調達物流をマネジメントするということだ。会社が志向するサプライチェーンを支えるためにあらゆる物流サービスを提供することが可能になる。それと同時に自分の財布からお金を出す立場になれば今まで無責任にサプライヤーに押し付けていたことも解消されるだろう。

　以上がサプライチェーン全体を効率化するための調達物流のあり方

だ。ただしこの実現にはいくつもの困難なことがあることも事実だ。これから説明していくプロセスを踏んでぜひ引き取り物流を実現させよう。

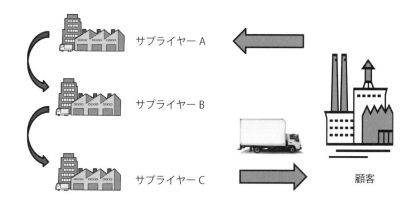

顧客がサプライヤーに荷を引き取りに行く方式へ転換してみることで今まで発生したさまざまな問題を解消することが可能となる。

図表5-9. 顧客による引き取り化への転換

POINT

- 調達物流の使命実現のためには自ら荷主となってサプライヤーに部品などを引き取りに行く「引き取り物流」の実施が不可欠。
- この方式が今まで調達物流のネックであった課題を解消する。ポイントは今までサプライヤー任せであった調達物流を自らマネジメントするということにある。

荷主勧告制度改定と私たちの留意点①

　私たちは輸送をアウトソースしている場合荷主の立場にある。輸送を行う際に諸法令に従って実施する義務は運送会社にある。しかし昨今の諸事情を勘案し「荷主勧告制度」が策定され運用が開始された。何かあった時に知らなかったでは済まされない。その概要を認識しておこう。

　国土交通省のパンフレットの冒頭にはこう記されている。『トラック運送事業者の法令違反行為に荷主の関与が判明すると荷主名が公表されます！』。「荷主勧告」は、貨物自動車運送事業法第64条に基づき、トラック運送事業者の過積載運行や過労運転防止措置義務違反等の違反行為に対し行政処分を行う場合に、当該違反行為が荷主の指示によるなど主として荷主の行為に起因するものと認められるときは、国土交通大臣が当該荷主に対し違反行為の再発防止のための適当な措置を執るべきことを勧告するもの。では具体的にはどのようなことを指しているのか。

　1つ目が「ドライバーの労働時間ルール違反」だ。厚生労働省は「トラック運転者の労働時間等の改善基準のポイント」を定めている。このポイントを以下に記す。

①拘束時間（始業から終業までの時間）
・1日 原則13時間以内 最大16時間以内（15時間超えは1週間2回以内）
・1か月　293時間以内
②休息期間（勤務と次の勤務の間の自由な時間）
・継続8時間以上
③運転時間
・2日平均で、1日あたり9時間以内・2週間平均で、1週間あたり44時間以内
④連続運転時間
・4時間以内

　このルールはトラック運転者の労働時間が長いことに鑑み、安全上健康上の配慮から定められている。トラックは公道を使って仕事をするため、事故が起きると関係のない第三者に被害が及ぶ。その荷主が皆さんの会社であったとしたらとんでもないことになる。例えば1人の運転者による長距離輸送を強要する（あるいはそうせざるを得ない状況とする）、構内での待機時間を発生させているなどの実態があるとこの荷主勧告につながる恐れがある。（182ページに続く）

第6章

戦略的調達物流の実行

> さあ、いよいよ自分たちで調達物流を行っていくプロセスに移るよ。決して簡単な仕事ではないけど、正しいステップを守って本気で取り組めばその効果は計り知れないものがあるよ。ほとんどの会社が目を付けていないこの仕組み、ぜひ成功させよう！

1　調達物流実行に向けての準備を開始しよう

　それではいよいよ調達物流を実行する段階に移りたい。最初は実行に向けての準備を行う必要がある。まず物量情報の取りまとめからスタートしたい。

　今、どこのサプライヤーから、どのような部品を、どれくらい調達しているのかを調べる。これは今まで説明してきた荷姿情報、物量情報、輸送マップなどを使って見える化していきたい。調達物流改善のプロジェクトルームに輸送マップを掲示し、その中に一度全体像を示すようにしよう。マップにすることで後々に「立ち寄り混載」の可能性をシミュレーションすることができる。

　併せて部品単位に工場への納入回数についても調べよう。多くの場合部品単位はサプライヤー単位にほぼ近似するかもしれない。その場合はサプライヤー単位で調べる。実はこの納入回数が重要な項目となる。なぜなら調達物流は「最小のリードタイム」での生産を支える必要があるとともに、自らも「最小のリードタイム」で運ぶ必要があるからだ。サプライチェーン全体の効率化のためにはジャストインタイムでのモノの動きを構築する必要がある。その一環として工場に対しては多数回納入が必要だ。調達物流を設計するにはこの納入回数を前提としてどのような運び方をしていくかを考える必要があるのだ。

　これらの情報を一元化することでどことどこのサプライヤーを同時に巡回したらよいのかを判断することができる。**図表6-1**をご覧いただきたい。これはサプライヤー別・時間帯別部品所要量に基づく物量情報だ。各時間帯でどこのサプライヤーのどれくらいの物量を生産で消費するのかを記したものだ。

　この表の通り工場に引き込むことが望ましい。例えばサプライヤーＢ

からは昼勤の前半に11㎥、昼勤の後半に10㎥、夜勤の前半に11㎥、夜勤の後半に10㎥の物量を引き込むことになる。後は各サプライヤー同じ見方となる。ジャストインタイムの観点からはこれが望ましい物流のあり方だ。しかし現実はそのようにはなっていない。サプライヤーBは1日の物量がちょうどトラック1台分になるため、これをまとめて昼勤の前半に納入させてほしいといってきていたと思われる。

サプライヤーCも同様だ。昼勤の前半に昼勤分を、夜勤の前半に夜勤分を納入することでトラック4台を2台に減らすことができるので、実際はこの要望を工場が認めてきていたものと思われる。

今回は工場が自ら引き取りに行くためこのような現象を解消できることになるのだ。荷物を「従来のまとめ方」から「新たなまとめ方」に変更していく。こうすることで工場に余分な在庫を置く必要が無くなりスペースセービングに寄与する。サプライヤーにとっても従来に比べ在庫保有数を減らすことができるようになるのでお互いメリットを享受できるのだ。

例えばサプライヤーEを見てみよう。唯一トラック満車で工場の希望

サプライヤー別・時間帯別物量　　　　　　　　　　　　　　単位：m3

	昼勤前半	昼勤後半	夜勤前半	夜勤後半	日合計
サプライヤーA	9	9	9	9	36
サプライヤーB	11	10	11	10	42
サプライヤーC	21	21	21	21	84
サプライヤーD	4	4	4	4	16
サプライヤーE	50	51	50	51	202
	・	・	・	・	・
	・	・	・	・	・

従来のまとめ方　　　　　　　　　　新たなまとめ方

サプライヤー単独で荷をまとめることは不適切。複数のサプライヤーの荷をまとめることが必要。まとめるメッシュはジャストインタイムの進度による。

図表6-1. 物量をまとめる

回数納入できていたサプライヤーだ。このサプライヤーについてはどのようなことが考えられるか。このままトラックを満載にして直送することが考えられる。一方でさらに荷を分割し他社荷と混載することで納入回数を増やすことも可能だ。皆さんが望む通りにデザインできることになるがこれはまさに調達物流を自社のマネジメント下に置くからこそできることだ。

　図表では容積で示しているができれば重量情報も併記することをお勧めする。先に説明した鉄綿混載のシミュレーションが可能となるからだ。まずはざっくりと物量を見て混載シミュレーションを行い、次に実際の積み重ねの可能性について荷姿データを調べるとよい。いずれにしてもまずはこのようなシミュレーションができるだけの情報集めに取り組んでいただきたい。

さっそくプロジェクトルームを立ち上げたぞ。まずは情報収集からスタートだ。地図を貼りだしただけで何となくワクワクしてきたよ。プロジェクトは必ず成功させるぞ！

POINT

- 調達物流実行に先立ち必要な情報を集めて見える化しよう。
- 調達物流改善プロジェクトルームに輸送マップを掲示し、全体像を俯瞰できるようにしよう。

2 運送会社情報の入手と輸送マップへの追加情報

　現在皆さんの会社には調達物流に関して何社の運送会社が入ってきているだろうか。サプライヤーが荷主のため簡単には答えられないかもしれない。これから皆さんの会社が荷主になるがその時に今サプライヤーが契約している運送会社と契約を結ぶことも十分に考えられる。そこでこれら運送会社の情報を集め、同時に評価をしておきたい。

　今の段階で実施することはサプライヤーと運送事業者の紐づけを行うことだ。**図表6-2**をご覧いただきたい。

　これはサプライヤーの工場別の運送会社を示した表だ。なぜ工場別かというとサプライヤーが地場で優秀な運送会社と個別に契約している可能性があるからだ。例えばXXXXX工業は群馬工場では○○○物流を、福島工場では△△△運輸を使っている。またサプライヤーが違っても運送会社が同じだというパターンも見えてくる。例えばXXXXX工業の福島工場とVVVVVプレス工業のいわき工場は同じ運送会社である△△

サプライヤー	工場	運送会社
XXXXX工業	群馬工場	○○○物流
	福島工場	△△△運輸
VVVVVプレス工業	いわき工場	△△△運輸
WWWW産業	清水事業所	◇◇◇運送
・・・	・・・	・・・
・・・	・・・	・・・
・・・	・・・	・・・

図表6-2. サプライヤー別運送会社

△運輸を使っていることがわかる。

　これらの関係性が見えてきたところでサプライヤーにその運送会社についてヒアリングをしてみよう。本格的な調査はこの後実施するが、ざっくりとした情報だけは得ておきたい。自社で契約している会社なのであまり悪い情報は聞き出せないかもしれないが、最低限の情報、例えば現時点での納入過程でどのようなルートで走行しているのか、中間で倉庫を経由しているのかいないのか、使っているトラックのタイプなどの情報は得ておきたい。

　そしてここで得た情報は先に作成した輸送マップに追記していこう。中間での倉庫については今後も活用する可能性もあるので重要情報としてとらえたい。

　次に実施したいのが自社の配送先調査だ。なぜ自社の配送先情報がこの時点で必要になるのか。それはトラックの往復活用の可能性を探るためだ。調達物流で工場に入ってきたトラックの帰路を自社発の出荷荷を積むことでトラックを有効活用することができる。これも日当たりの物量を配送先別に調査しマップに記載する。自社ではどこの運送会社を使っているかはわかっているので、今後調達ルート別運送会社を選定する際の考慮事項として持っていると便利だ。当然自社の配送センターがあればそれもマップに追記する。もしかしたらすぐ近くに調達先のサプライヤー在庫を保管している倉庫があるかもしれない。このような今まで気にも留めていなかった情報が見えてくる。

　自社の配送先には毎回何時に到着しなければならないのか、このような時間的制約があればそれも追記しておこう。もちろん、配送先の物理的条件、つまり大型トラックが入れるのかどうかなどの条件についてもこの時点で明確にしておくことが望ましい。

　あと忘れてはならないのが自社の工場間物流に関する情報だ。工場間物流も調達物流と統合できるアイテムだからだ。これも面白いもので自社工場のすぐ近くに調達先が存在することがある。にもかかわらず別々にトラックを仕立てて同じ工場に運んでいるのだ。このようなことはわ

かってはいても、今までは共同輸送など考えもしなかったことかもしれない。ちなみに工場間輸送については出荷側がトラックを配車して出荷工場の物流予算で実施しているのではないだろうか。サプライヤーからの物流を引き取り方式に変更するのであるから、工場間物流も調達側の工場がマネジメントする方式に変更するとよいだろう。この条件の見直しも今回の調達物流改善の一環として取り組まれることをお勧めする。

その他に第3章で調査した項目について使えるものをすべて使うとより充実したシミュレーションにつながる。工場の出入に関する情報はもれなく輸送マップに記載していこう。きっと興味深い情報満載のマップができ上がることだろう。

へー、当社にはこれだけの運送会社が入ってきていたんだね！こんなこと調べたことが無かったから何だか新鮮な気持ちだよ。情報の中から必ず改善点を見つけてみるぞ！

POINT

- サプライヤーの工場別運送会社情報を集めよう。輸送途上での倉庫の有無についても同時に調べておこう。
- 自社の配送先情報、工場間物流情報も調べよう。工場間物流も調達側の工場が物流予算を持ってマネジメントする方式に変更するとよい。
- これらの情報はすべて輸送マップに一元化しよう。

3 調達物流改善プロジェクトを立ち上げよう

　今までサプライヤーからの納入だった物流を引き取り方式に変更することは生易しいものではないが、本当にやりがいのある仕事だ。実際のところ実現したものの途中で元に戻してしまった会社もある。進める手順が正しくなかったために途中で挫折してしまった会社もある。それだけ難しい仕事であることは間違いない。入念な準備を行うとともに強力なリーダーシップの下進めていくことが重要だ。そこで会社の規模に関わらず「調達物流改善プロジェクト」を発足させる必要がある。

　この調達物流改善だが内容的には調達物流改革といっても過言ではない。その表現は別としても社内で認められたプロジェクトと位置付け、会社の重要課題として進捗フォローしながら進めていく必要がある。また調達物流改善という表現からこれは物流を変えるプロジェクトかと思われるかもしれない。たしかに物流を変革し、リードタイム短縮と物流コスト削減を狙ったプロジェクトであることは間違いない。しかしこのプロジェクトは実は「購買変革プロジェクト」でもあるのだ。今まで気にもかけていなかったかもしれない物流費を明確化し、それを分離し価格から外すことになる。購入品の価格体系を変更するという購買にとって大きなイベントでもあるのだ。

　プロジェクトリーダーには部門横断的な判断のできる役員クラスが就くことが望ましい。このプロジェクトの過程ではいくつもの大きな利害関係が生じてくる。これを制御しつつプロジェクトを前進させるためには役員クラスの人の強いリーダーシップが欠かせない。ではプロジェクトメンバーにはどの機能から参加してもらえばよいか。プロジェクト組織について**図表6-3**に示したが、最低でも3つの機能からの参加が求められる。その3つとは「生産部門」「購買部門」「物流部門」だ。必要に応じて社外のアドバイザーを付けることを考えてもよいだろう。経験豊

第6章　戦略的調達物流の実行

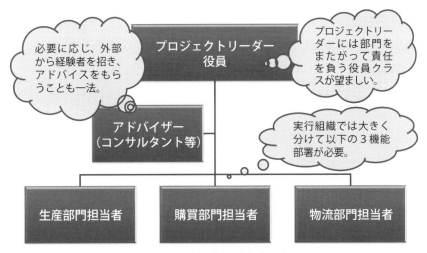

図表6-3. 社内推進組織を確立する

富なコンサルタントなどから的確なアドバイスをもらいながら進めることも成功への近道だ。

　生産部門は調達物流のユーザーとしての役割があり、効率的な生産運営のために調達物流への要求事項を明確にしていく。購買部門はサプライヤーとの取引条件を変更する役割を持つ。また今回荷主になるわけだが取引を行う運送会社を第三者的立場で選定する役割も持つ。そして物流部門。実際の調達ルートの設計や調達荷姿の設計など、物流の技術的な側面を担う役割を持つ。これらの各機能が担うべき主な業務を**図表6-4**に挙げておくので参考にしていただきたい。

機能部署	主な役割	窓口業務
生産部門	・調達リードタイム決定 ・調達部品在庫水準決定 ・納入回数決定 ・荷姿要望提示	・工場窓口
購買部門	・部品取引条件の変更 ・部品価格改定 ・物流会社選定、契約 ・物流会社評価	・サプライヤー窓口 ・物流会社窓口（契約時）
物流部門	・調達ルート設計 ・荷姿設計 ・容器モジュール設計 ・物流コストマネジメント	・物流会社窓口（実行時）

注：会社によって担当部門が異なる場合がある。

図表6-4. 各機能の主な役割

POINT

- 引き取り物流化は生易しい仕事ではない。「調達物流改善プロジェクト」を立ち上げ、全社業務として取り組みたい。
- プロジェクトリーダーには役員クラスの人が就くことが望ましい。
- 一般的にプロジェクトメンバーには「生産部門」「購買部門」「物流部門」の3つの機能から参加することになる。

4 調達物流戦略を立案しよう

　皆さんは調達物流改善を通してぜひ実現したいという「思い」を持っていることだろう。プロジェクト発足にあたり全メンバーで集まってプロジェクトを通して実現したいことについて共有化しよう。そのためには上位者も一般層もいったんポジションの壁を取り払って本音で語り合える場を設けよう。これが調達物流戦略の基となるコンセプトになるのだ。これが練られたところでいよいよ最初の仕事にとりかかろう。

　プロジェクトが最初にやらなければならない仕事、それは「調達物流戦略の立案」だ。何のためにこのプロジェクトを立ち上げたのか。皆さん頭の中では何となくわかっているかもしれないが、それを文書に転換し明確化することが大切だ。今回のプロジェクトに関わる人は非常に多い。各人の思いがバラバラだと決してプロジェクトは上手く進まない。だからこそきちんとした戦略をつくってスタートすることが重要なのだ。

　ここで一つ認識しておかなければならないことがある。それはこの戦略は会社方針に沿ったものでなければならない、ということである。これは絶対条件だと言えよう。なぜなら今会社が目指す方向性とずれていれば、場合によっては会社に不利益を与える可能性があるからだ。間違いなく皆さんは会社のために、と考えて活動しているはず。このような善意の取り組みが会社に不利益を与えることほどやるせないことはないだろう。まず戦略のトップに会社方針を掲げ、それをブレークダウンする形で立案していきたい。例えば会社方針が「顧客に対するリードタイム短縮」ということであればそれに呼応する形で「調達リードタイムの短縮」という項目が挙げられる。会社方針で「コストダウン」ということであれば調達戦略の中に「調達物流コストの削減」という項目が入ることになる。

戦略を定めるとともに具体的な目標も必要になる。例えば「調達リードタイムの短縮」を受けて「輸送リードタイムの短縮」や「供給リードタイムの短縮」といった目標が設定されることになる。「調達物流コストの削減」を受けると「調達輸送コストの削減」や「調達荷姿コストの削減」という目標が設定されることになるだろう。そしてそれぞれの目標ごとに数値目標値を定めるのもこの段階で実施しておきたい。これも多くの場合、会社方針からブレークダウンされた目標値が社内で定められていると思われる。その目標値と離齬の出ないように設定していきたい。

　さらに同時に定めるべきものが実行計画だ。このプロジェクトをいつまでに終え、実行段階へと移行するのか。プロジェクトそのものを進める際のやるべき事項とその日程、担当者を決めていこう。そしてプロジェクトの進捗がわかるKPI（Key Performance Indicator）も必要になる。例えば部品価格改定進捗率や輸送ルート設定率などのKPIを決めていくことだ。そしていつまでにそのKPIをどの水準まで進めるのかについて定めていく。

　そして、このプロジェクトを成功させるためにはお金もかかる。例えば新たに調達物流情報システムをつくらなければ実運用ができないことがある。せっかく調達物流のデザインができてもサポートツールがないと現実的な運用ができない可能性がある。また積載率向上に向けて今保有している容器をつくり直す必要性が出てくる可能性がある。そのためには当然お金がかかる。こういった投資などが必要になることに備え、一定の予算を確保することも必要だ。ただし調達物流改善によるコスト削減効果で必要となる金額を稼ぐ前提だ。この期間、つまり投資回収期間ができるだけ短くなるように効果出しと予算金額の圧縮は考えておこう。この予算取りについてもこのプロセスで実行しておこう。

- コンセプトの検討
- 調達物流戦略の立案

- 目標の設定
- 実行計画の作成

- 投資が必要と思われる項目の洗い出し
- 必要予算の確保

図表6-5. プロジェクト戦略立案プロセス

POINT

- プロジェクトメンバーで実現したいことについて話し合い、コンセプトをまとめてみよう。
- プロジェクトの最初の仕事は「調達物流戦略の立案」だ。これは会社方針に沿ったものでなければならない。
- プロジェクトの目標を定め、実行計画を策定するとともにその進捗が判断できるKPIを設定しよう。

5 調達物流ルートを組んでみよう

　調達物流ルートを決定することはこのプロジェクトの大きなヤマだ。このルート組みがすべての物流効率を左右するといっても過言ではない。もしかしたら皆さんは今まで具体的な輸送ルートを組んだことはないかもしれない。よい機会なのでぜひ体験してみていただきたい。
　輸送ルート組みに必要となるのは荷姿データと物量データだ。第3章で準備したこの2つのデータを駆使してルート組みを実施する。ルート組みの基本的な考え方を認識していこう。

①サプライヤー1社で荷量がまとまり、かつ工場の納入回数要望に応えられるのであれば直送も考える。

　特定のサプライヤーの日当たり物量がトラック1台分であり、工場がそのサプライヤーの部品は1日1回納入してくれることで構わない、といっているケースだ。この場合はそのサプライヤーから工場まで1日1回、トラックで直送する。もしこのケースで他社混載を行い、納入回数を増やせば工場に対するサービス水準を高められるということになる。

②複数社混載でトラック満載にでき、かつ工場の納入回数要望に応えられるのであればミルクランも検討する。

　複数のサプライヤーの荷を混載すればトラックを満載にすることができかつ工場の納入回数要望を満たせるケースだ。例えば1日4回納入が工場要望であり、3社の1日分の荷をそれぞれ4分割して運べばトラックが毎回満載になる場合、ミルクランを行って3社を巡回して積み合わせていくことになる。

③発地複数サプライヤー着地複数工場の場合はミルクランと着地立ち寄り方式を検討する。

　複数のサプライヤーの荷を混載すれば、調達側の複数工場の荷をト

ラック満載で運べるケースだ。何も到着地は1箇所とは限らない。特定のサプライヤーが自社の複数工場に納入しているのであれば、このようなルート組みも発生することになる。もちろん発地のサプライヤーが1社で、着地の工場が複数の場合、着地立ち寄りタイプの直送という組み方も考えられる。

④サプライヤーが在庫を持ちたい場合は物流センター（デポ）を設け、そこで保管し在庫を切り出す方式を検討する。

　サプライヤーの都合で自社完成品在庫を保有したいと考えている場合もある。その時はサプライヤー在庫保管用の物流センター（デポ）を設け、サプライヤーにはそこまで輸送してもらい、自社はそのデポまで引き取りに行く方式だ。当然自社は必要分だけ在庫の中から切り出して引き取る。

⑤輸送途上にクロスドックを設け、そこまで直送しそこで方面別に仕分けて混載し指定着地工場まで届ける方式を検討する。

　トラック積載率向上と輸送ルートの削減を目的としたクロスドックと

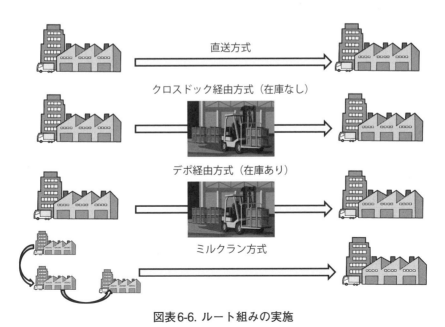

図表6-6. ルート組みの実施

いう仕組みがある。ここは荷の積み替えポイントであり原則として在庫保管は行わない。ここまではサプライヤーから自社の複数工場分の荷を集荷し、ここで工場別に仕分け、複数サプライヤーの荷を混載して輸送するパターンだ。

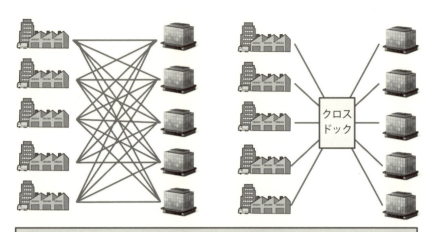

輸送途上にクロスドックを設け、ここで方面別に荷の積み替えを行う。クロスドックまでは全方面の荷をまとめて運び、そこから先は方面別に複数社の荷を混載して運ぶ。これによって輸送ルート数の削減と物流コスト低減に寄与することができる。

図表6-7. クロスドックの役割

POINT

- 準備した荷姿データと物量データを使って輸送ルート組みを実施しよう。
- 工場の納入回数要望とトラック積載状況を見ながらいくつかの輸送パターンを駆使してルートを設定しよう。
- 輸送途上に荷の積み替えポイントであるクロスドックや在庫を保管するデポなどを設ける必要も出てくる可能性がある。これらも合わせたルート組みが必要だ。

6 運送会社の評価を実施しよう

　運送会社の情報をすでに得ているので次のステップとしてきちんと運送会社の評価をしておきたい。これは実際に契約をする前に、自社の求める物流を実現してくれる会社かどうかを見極めるために実施する。物流アウトソースを行った会社に対して「こんなはずじゃなかった」という感想を漏らすことがあるが、それはそのアウトソース先をよく見極めていなかったことに起因する。後悔先に立たず。事前にどこまで調べ尽くすかがアウトソースの成否を握っているのだ。

　まず現在サプライヤーが取り引きしている会社の中で、コンプライアンス違反など取引に値しないと思われる会社を除外する。そして残った会社にアンケートを行う。そのためのツールがRFI（Request for Information）、情報提供要求である。このRFIは一般的にアウトソース先の候補会社を選定するために実施する手法だ。自社が知りたい項目をアンケート形式で先方に提示し、それに回答記入の上返送してもらう方法で実施する。

　RFIにはSQDCM、つまり安全、品質、デリバリー、コスト、マネジメントの5つのカテゴリーごとに質問を作成する。また回答を評価するために4段階の基準を設けておく。一つ例を挙げてみよう。デリバリーのカテゴリーで「誤出荷率」という項目を設定したとする。回答された率がどれくらいかによって採点できるようにしておくのだ。4点は30PPM以下、3点は60PPM以下、2点は60PPM超、1点はデータなし、0点はエビデンスなしというように回答に応じてレベルを判断できるようにしておきたい（**図表6-8**）。ここで「データなし」を1点としている。物流は往々にしてデータを把握していないケースが多いようであるが、このような会社は管理レベルが不十分だと判断できる。仮に25PPMという素晴らしい回答があったとする。しかしそれを証明する

運送会社評価シート（例）

	評価項目	4	3	2	1	0
安全	過去3年間での交通事故（人身以外）	0件	1件	2件	2件超	エビデンスなし
	過去3年間での交通事故（人身）	0件			1件以上	エビデンスなし
	安全講習実施回数	1回／月以上	1回／四半期以上	1回／年以上	1回／年未満	エビデンスなし
	過去3年間での構内事故（人身以外）	1件	2件	3件	3件超	エビデンスなし
	過去4年間での構内事故（人身）	0件			1件以上	エビデンスなし
品質	誤配率	20ppm以下	40ppm以下	60ppm以下	60ppm超	エビデンスなし
	会社としての品質方針	あり			なし	エビデンスなし
	ISO9001認証	あり			なし	エビデンスなし
	顧客からの品質クレーム件数	0件	2件以下	5件以下	5件超	エビデンスなし
コスト	毎年のコスト低減率目標	5%超	4%超	3%超	3%以下	エビデンスなし
	毎年のコスト低減率実績	5%超	4%超	3%超	3%以下	エビデンスなし
	社内提案制度	あり			なし	エビデンスなし
	社内QC制度	あり			なし	エビデンスなし
	各客先への提案件数	6件／年以上	4件／年以上	2件／年以上	2件／年未満	エビデンスなし
デリバリー	到着時刻（前後15分以内）順守率	100%	98%以上	95%以上	95%未満	エビデンスなし
	問い合わせに対する回答時間	10分以内	20分以内	30分以内	30分超	エビデンスなし
	出発時刻（前後15分以内）順守率	100%	98%以上	95%以上	95%未満	エビデンスなし
マネジメント	会社方針	あり			なし	エビデンスなし
	部門方針	あり			なし	エビデンスなし
	標準作業書の整備	95%以上の作業にあり	90%以上の作業にあり	80%以上の作業にあり	80%未満	エビデンスなし
	教育訓練計画	あり			なし	エビデンスなし
	協力会社管理	毎月指導	四半期ごとに指導	半年ごとに指導	半年以上	エビデンスなし

図表6-8. 運送会社評価：アンケート調査

運送会社現場診断シート(例)

	評価項目	4	3	2	1	0
安全	フォークリフト操作	常時基本動作	一部応用動作	一部基本動作	応用動作	危険動作あり
	フォークリフト走行	制限速度順守			制限速度超過	危険走行あり
	フォークリフト制限速度の認識	第三者が見てわかる			第三者が見てわからない	―
	フォークリフト操作の標準作業書	安全に関する記述あり			安全に関する記述なし	標準作業書なし
	保護具の装着	基準通り			基準から外れる者あり	基準なし
	安全に関する標語	現場に掲示あり			現場に掲示なし	―
	安全に関する作業者の宣誓	現場に掲示あり			現場に掲示なし	―
品質	会社品質方針の掲示	現場に掲示あり			現場に掲示なし	―
	品質に関する作業者の宣誓	現場に掲示あり			現場に掲示なし	―
	4M変更管理基準	全作業者保有	現場に掲示	監督者が保有	なし	―
	標準作業書への品質に関する記述	あり			なし	標準作業書なし
	品質サンプル	あり			なし	―
	製品置き場の表示等	4原則クリア	3原則クリア	2原則クリア	1原則クリア	表示類なし
	要品質管理製品の基準の現場掲示	あり			なし	―
	今の状態が正常か異常か判断できるか	できる			できない	―
コスト	標準時間の設定	100%	80%以上	60%以上	60%未満	設定なし
	作業者の作業充実度	80%以上	70%以上	50%以上	50%未満	―
	作業者の動作の速さ	自社同等			自社より劣る	―
デリバリー	作業の進捗がわかるか	第三者が見てわかる			わからない	―
	作業のペースメーカーは明確か	第三者が見てわかる			わからない	―
	標準作業書に遅れに対するアクションが記載されているか	記載あり			記載なし	標準作業書なし
マネジメント	管理ボードの設置	あり				なし
	安全に関する管理帳票	管理状態にあり		表示あり		なし
	品質に関する管理帳票	管理状態にあり		表示あり		なし
	コストに関する管理帳票	管理状態にあり		表示あり		なし
	デリバリーに関する管理帳票	管理状態にあり		表示あり		なし
	作業者の技能レベル評価表	管理状態にあり		表示あり		なし
	作業者の技能訓練計画表	管理状態にあり		表示あり		なし

図表6-9. 運送会社評価:現場調査

エビデンスを提示してもらえなかった場合は0点とする。なぜならRFIはアンケート形式であるため、回答はあくまでもアウトソース先の自己申告ベースだから。回答を裏付けるエビデンスを示してもらう必要があるのだ。

次に実施すべき項目は運送会社の現場確認だ。やはり長く付き合う会社は実際に訪問して物流作業の実力を自身の目で確認しておきたい。アウトソース先には工場物流の現場を受け持つ監督者自らが訪問することが望ましい。訪問時には物流現場の確認と経営者との面談を実施したい。前者では例えば次のような内容を確認しておく。「5Sはきちんとできているか」、「標準作業書は完備されているか」、「標準作業の遵守状況をチェックしているか」、「SQDCMについてしっかりと管理されているか」など。また経営者の口から語られる内容も要注意だ。大手物流会社でさえ荷扱いや物流品質が話題になることがあるが、それは現場の実態を管理監督者や経営者が把握していなかったことに起因すると考えられる。現場確認の結果もきちんと評価できるようにしておこう（**図表6-9**）。この結果に基づき、決めごとをしっかりと守り、顧客を裏切らない会社かどうかをきちんと見極めておきたい。

POINT

- 事前にどこまでアウトソース先を調べ尽くすかがアウトソースの成否を握っている。
- 取引開始後に後悔しないように運送会社の評価をきちんと実施しておこう。
- 事前評価としてRFIと物流現場確認、経営者面談などを実施し、結果を評価シートでスコアリングしておこう。

第6章　戦略的調達物流の実行

7　運送会社の集約を検討しよう

　今、納入に来ている運送会社が数多くある場合、すべての会社と契約を結ぶことは現実的ではないし、物量集中によるコストメリットも出しづらいだろう。そこでどうしても必要になってくるのが運送会社の集約だ。この取引先を絞るということは購買ではどうしても必要な戦略となる。原則として1つのカテゴリーにおけるサプライヤーの数は1社。競争原理を働かすことや、何かリスクが生じたときのことを考慮すると2社体制とすることが望ましい。運送会社でも考え方は同様だ。自社の所在地を起点にサプライヤーが所在する地域ごとに運送会社を決めていくことが理想だろう。

　作成した輸送マップを見ながら運送会社の担当エリアを決めていく。例えば東北地区で1社、東海地区で1社というように決定していくことになる。もちろん、複数地域を同一の運送会社が担当することでも構わない。競争原理を導入するために全国で少なくとも2社とは取引することが望ましい。

　絞り込みの第一ステップとして取引運送会社の候補に挙がるのは現在自社が出荷や工場間輸送で使っている運送会社だろう。さらに現在サプライヤーが契約している運送会社ということになる。最初の立ち上げ時にはこれらの会社の中から選定することが望ましい。その理由は実際に自社業務の経験があるためある程度のパフォーマンスがわかっている、今まで大きな事故を起こしていない、自社の事情を理解している会社であると推定されるからだ。

　運送会社を絞り込むにあたって実施したいのがRFPだ。RFPとはRequest for Proposalの略語で相手の会社に自社に対して提案を要請することを意味する。今まで皆さんは輸送マップを作成した。発生物量もルートごとにわかっている。工場への納入回数要望も情報として持って

いるはずだ。これらの情報を候補会社に開示し、その会社であればどのような物流サービスを提供できるかをプレゼンしてもらう。

アセスメントシートを作成し、複数の担当者で評価を行うことが望ましい。公平に評価できる体制を組みたい。このプロセスは購買部門が担当したい。物流部門や工場部門も評価者には入るが、取引先を決定する権限は購買が持つべきだ。物流部門や工場部門という実際のユーザーが決めるのではなく、より冷静な目で判断できる購買が会社のコンプライアンスの観点からも担当することが望ましい。

候補会社の絞り込みの観点は2つある。1つ目は「物流技術力」だ。これはRFIから得られた情報、運送会社の現場調査で得られた情報を活用するとともに、プレゼンの中で発見された自社に効果的な物流サービス、運送会社の持つ物流インフラなどが該当する。

もう一つは「マネジメント能力」だ。輸送は一般的に自社だけで実施することはない。必ず庸車といわれる下請業者を使って運用を行う。多くのケースでは庸車での輸送比率の方が高い。こうなると下請事業者を上手くマネジメントし、顧客の要求水準を満たすオペレーションを実行する力が求められる。

さらに運用していく中でよりよい調達物流にしていくための改善力も必要だ。前者はどちらかというと物流部門や工場部門が主体となって評価し、後者は購買部門が主体となることでバランスを取ったアセスメントにつなげていくことが重要だ。

POINT

- 契約を結ぶ物量集中によるコストメリットを出すため、運送会社の集約が必要になる。
- まずRFPを行い、候補会社の集約に着手しよう。

8 幹事会社と実運送会社のチームワークで効率的運用を図る

　運送会社からプレゼンを行ってもらうことでその会社の実力はよく見えてきたものと思われる。この会社はきちんとマネジメントができる会社、別の会社はマネジメント力は十分ではないものの実運送は問題なくできそうだ、このような判断ができることだろう。今後取引先を決定していくにあたり「幹事会社」という体制を考えたい。この幹事会社の意味合いについて確認しておこう。

　従来のサプライヤー納入方式における物流では各サプライヤーがそれぞれ運送会社と契約し、自分たちの出荷するものだけについて管理できていればよかった。サプライヤー間の積み合わせなどを実施していなかった場合は、顧客に相談して納入回数を変更してもらうか輸送ロスを発生させるかのどちらかの対応で済んでいたと思われる。そのための管理スタッフは各サプライヤーの中にいた。しかし今後皆さんの会社が荷主になるということは、今までサプライヤーが行っていたことと合わせてルート変更や輸送方式の変更なども自ら実施していくことになるのだ。まだ始めてもいない今から不安が頭をよぎるのではないだろうか。

　そこでこの物流マネジメントをサポートする機能を幹事会社に位置付けていくという発想を持ってみてはどうだろうか。運送会社ではない3PL（サードパーティーロジスティクス）という機能が存在する。3PLとは荷主でも運送会社でもない第三者が荷主の物流業務を包括的に請け負い、荷主に物流戦略と物流改革を提案する使命を負っている機能のことだ。このような高いレベルで完璧に実現できている会社を筆者は見たことはないが、荷主に変わって一定の物流管理業務までは実施できている会社は存在する。そこでこのレベルの力量を持ち合わせた会社を幹事会者として契約し、さまざまな物流マネジメントを実行してもらうことを考えたい。この会社は何も実運送を担当しなくても構わない。自社で

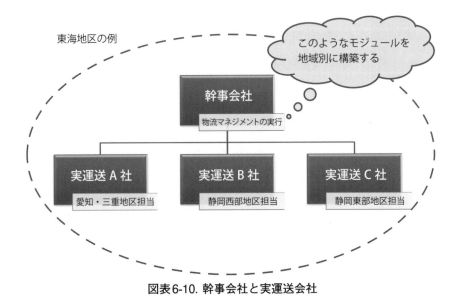

図表6-10. 幹事会社と実運送会社

契約した運送会社に実運送を任せ、自らはマネジメントに徹底するという図式だ。

　そこで今回の候補会社はどちらかというと「マネジメント力重視」で絞り込むことをお勧めする。もちろん、皆さんがすべて物流マネジメントできるという自信があればこの限りではないが。そしてこの幹事会社の下に実運送会社がぶら下がる形になる。この実運送会社の選定権は幹事会社に持たせ、責任を持って実際の業務を遂行してもらうことも一つの方法だ。幹事会社は従来サプライヤーと契約をしていた運送会社を実運送会社として使うことが多い。なぜならそれが安全であり確実であるからだ。しかも従来の会社の仕事が無くなるわけではないことも挙げられる。ただしすべての会社が実運送を継続できるとは限らないことは頭に入れておく必要がある。

　では幹事会社の主な役割について見ていこう。1つ目は実運送会社のマネジメントだ。顧客の要求水準を満たすように教育を行ったり改善指導を実施したりする。2つ目は顧客に成り代わって日常のルート改善を実施すること。物量は一定ではなく日々変動するものだ。その時に輸送

ロスが発生しないように常に積載状況を見ながらルートの組み替えを行う必要がある。3つ目は改善の実行だ。輸送車両の変更や鉄綿混載などによる積載率向上、顧客やサプライヤーと共同で荷姿を改善する。調達物流においても生産現場と同様に日々の改善は欠かせないアイテムだ。4つ目は物流データ管理と物流レポートの作成だ。今まで物流は数値化に弱かったかもしれない。しかし調達物流を始めた以上今の物流の実態が数値化され、良い状態なのか否かがわかるようにしたい。これらについて幹事会社に協力してもらい、物流管理水準を向上させていこう。念のためにいっておくが「丸投げ」は禁物。あくまでも自社で行う物流管理を補完する存在であることを付け加えておこう。

最終的に幹事会社を含めた運送会社の選定を行う必要があるが、そのプロセスについては第8章で説明したい。

> 輸送は実オペレーションもさることながら、マネジメントが重要なんだね。運送会社の方たちといろいろ話をしよう。マネジメント力の優れている会社と付き合っていきたいからね。

POINT

- 運送会社は幹事会社＋実運送会社という組織形態にしていこう。
- 幹事会社には自社でやり切れない物流管理業務を補完してもらう。あくまでも「丸投げ」は禁物だ。

9 部品価格を改定し調達物流原資を確保する

　これから私たちが荷主となってサプライヤーに部品などを引き取りに行くことになるが、当然のことながらそれに関して費用が発生する。その費用を確保しなければこの活動はスタートできない。ではどこからその費用を捻出するのか。それは単純だ。今までサプライヤーに支払ってきた部品費から捻出することになる。では部品費のどこから捻出するのか。それは部品費に含まれる物流費からということになる。今まで皆さんの会社とサプライヤーが部品費の中で物流費としてきた部分を価格改定し、それを元に自社で輸送コストなどを支払うことで実現するのだ。

　ここで重要なことがある。それは今回の引き取り化による調達物流の実行の目的はジャストインタイム調達の実現と共に輸送コストの削減の両立にある。したがって部品価格から差し引いた物流費を上回る輸送コストがかかっていてはプロジェクト自体が赤字となり成立しないことになるのだ。ここの認識を間違えないように社内で意思統一を行う必要がある。実際にあるのだ。引き取り物流を実施してみたものの儲からなくて元に戻したという事例が。これは調達物流の失敗事例の典型だが、いくつかある理由の一つがこの「価格改定」上のミスあるいは認識不足による。

　ではいよいよ価格改定の実務に移っていこう。実はこのプロセスが調達物流プロジェクトの最大かつ最難関の山場である。もしかしたらここが実施できずに道半ばでプロジェクト解散になりかねない難所であるため、十分かつ慎重な準備を行った上で実行したい。

　まず皆さんにも考えていただきたいことだが、サプライヤーはできるだけ小さい金額で価格改定したいと考える。一方で調達側はできるだけ大きい金額での改定を望む。価格改定といいつつも実態は値引きになるためこのような思いの錯綜が発生するのだ。

価格改定の大前提を説明しておこう。それは今回の業務変更の対象に見合った価格が契約の中で明らかになっていることだ。例えばサプライヤーの軒下から顧客の軒下までの輸送の分担を変更するとしよう。ここでこの業務に対する価格が契約書に明記されていればその分だけ改定する。これが部品1個あたり6円となっていれば6円を部品価格から差し引いた価格を新部品価格とする。もし部品価格の3％と契約書に明記してあれば3％分の価格を改定する。あくまでも契約書に数字で明記されていればこのように比較的簡単に価格改定作業は進むことになる。

しかしそのようになっていない会社が多いことも事実で、その場合には確実に苦戦する。例えば「物流費は管理費比率15％に含む」という契約になっていたとしたらどうなるか。皆さんだったらどのようにしてサプライヤーと価格改定交渉するだろうか。よくある会話を記してみよう。

調達側「弊社で運送会社複数社に見積もりを取ったところ、部品Xについての輸送コストは1個当たり6円だということがわかりました。これは部品費の3％に相当しますので管理費15％を12％に改定をお願いします」
サプライヤー「3％などとんでもない！弊社では1％しか輸送についてはかかっていません」
調達側「運送会社への支払い明細を見せていただけませんか。御社からの距離を考えると1％で運べるはずありません」
サプライヤー「弊社では常に御社以外の荷物との混載を行っていますから安く運べているのです。また支払い明細は運送会社との契約上開示はできません」

いかがだろうか。このような会話が繰り返され、平行線をたどることだろう。これで購買担当者は参ってしまう。最悪のパターンは2つ。1つは自社で見積もった3％を押し通すこと。もう1つはサプライヤーの

主張する1%を鵜呑みにして受け入れることだ。

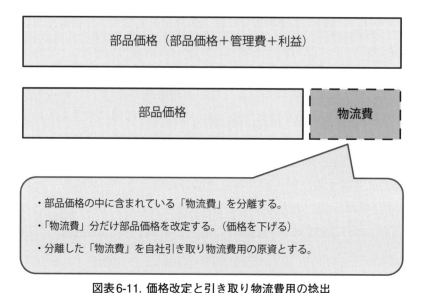

図表6-11. 価格改定と引き取り物流費用の捻出

POINT

- 引き取り化に伴う費用の原資は部品費に含まれる物流費から捻出する。
- この金額と実際に要した費用の差が調達物流による「輸送コスト削減効果」ということになる。
- ただしこの原資を生み出すための価格改定交渉は最大かつ最難関の山場で、場合によっては難航が予想される。

10 部品価格改定におけるリスクとは

　この部品価格改定プロセスは慎重を期して実施していただきたい。なぜなら最悪の2パターンを招いてしまうと本当に大変なことになるからだ。念のためにこの2パターンの影響について確認しておこう。

　1つ目が自社で見積もった3%を押し通すことだ。バイヤーの方はそれなりの根拠を持ってこの交渉を行っていることだろう。しかし契約書に明記されていない3%について客観的にどこまで納得いく説明ができるのだろうか。調達側は一般的に強い立場にある。その立場を利用した強引な値引きととらえられかねない。その結果、下請代金支払遅延防止法（下請法）に抵触してしまう可能性がある。いくら何でもビジネスを行う上で法令違反は許されない。価格改定を行う場合は慎重を期し、必要に応じて公正取引委員会に相談しながら進めていくことをお勧めしたい。ご存知かもしれないが、参考まで下請法で定義されている親会社の11の禁止事項を**図表6-12**に記しておく。

　もう1つのサプライヤーの主張する1%を鵜呑みにして受け入れることだが、この水準は自社で引き取り物流を実施した場合の採算ラインにのるかどうかが最も懸念されることころだ。確かに運送会社を集約し、1社に対する発注物量を増やすことで益を享受する可能性はある。しかし極端に低い水準で価格改定を行うとそのルートはもちろんのこと、全体の輸送コスト削減の幅が縮小されてしまう可能性が大きい。実際にこのパターンで価格改定し引き取り物流を始めたものの、効果が出ずに元に戻してしまったという会社がある。

　つまり物流費のレベルについて契約上曖昧さを残しているとこのようなことにつながる可能性が大きい。ではどうしたらよいか。これについては今からでもよいので、購買担当者は購入代金の中で物流費（輸送費、保管費、容器費など）を明確化し契約書の中に書き込むことだ。新

1. 受領拒否の禁止（第4条第1項第1号）	親事業者が下請事業者に対して委託した給付の目的物について、下請事業者が納入してきた場合、親事業者は下請事業者に責任がないのに受領を拒むと下請法違反となる。
2. 下請代金の支払遅延の禁止（第4条第1項第2号）	親事業者は物品等を受領した日（役務提供委託の場合は、役務が提供された日）から起算して60日以内に定めた支払期日までに下請代金を全額支払わないと下請法違反となる。
3. 下請代金の減額（第4条第1項第3号）	親事業者は発注時に決定した下請代金を「下請事業者の責に帰すべき理由」がないにもかかわらず発注後に減額すると下請法違反となる。
4. 返品の禁止（第4条第1項第4号）	親事業者は下請事業者から納入された物品等を受領した後に、その物品等に瑕疵があるなど明らかに下請事業者に責任がある場合において、受領後速やかに不良品を返品するのは問題ないが、それ以外の場合に受領後に返品すると下請法違反となる。
5. 買いたたきの禁止（第4条第1項第5号）	親事業者が発注に際して下請代金の額を決定するときに、発注した内容と同種又は類似の給付の内容（又は役務の提供）に対して通常支払われる対価に比べて著しく低い額を不当に定めることは「買いたたき」として下請法違反になる。
6. 購入・利用強制の禁止（第4条第1項第6号）	親事業者が、下請事業者に注文した給付の内容を維持するためなどの正当な理由がないのに、親事業者の指定する製品（自社製品を含む）・原材料等を強制的に下請事業者に購入させたり、サービス等を強制的に下請事業者に利用させて対価を支払わせたりすると購入・利用強制となり、下請法違反となる。
7. 報復措置の禁止（第4条第1項第7号）	親事業者が、下請事業者が親事業者の下請法違反行為を公正取引委員会又は中小企業庁に知らせたことを理由として、その下請事業者に対して取引数量を減じたり、取引を停止したり、その他不利益な取扱いをすると下請法違反となる。
8. 有償支給原材料等の対価の早期決済の禁止（第4条第2項第1号）	親事業者が下請事業者の給付に必要な半製品、部品、付属品又は原材料を有償で支給している場合に、下請事業者の責任に帰すべき理由がないのにこの有償支給原材料等を用いて製造又は修理した物品の下請代金の支払期日より早い時期に当該原材料等の対価を下請事業者に支払わせたり下請代金から控除（相殺）したりすると下請法違反となる。
9. 割引困難な手形の交付の禁止（第4条第2項第2号）	親事業者は下請事業者に対し下請代金を手形で支払う場合、支払期日までに一般の金融機関で割り引くことが困難な手形を交付すると下請法違反となる。
10. 不当な経済上の利益の提供要請の禁止（第4条第2項第3号）	親事業者が、下請事業者に対して、自己のために金銭、役務その他の経済上の利益を提供させることにより、下請事業者の利益を不当に害すると下請法違反となる。
11. 不当な給付内容の変更及び不当なやり直しの禁止（第4条第2項第4号）	親事業者が下請事業者に責任がないのに、発注の取消若しくは発注内容の変更を行い、又は受領後にやり直しをさせることにより、下請事業者の利益を不当に害すると下請法違反となる。

図表6-12. 親会社の11の禁止事項

たに購入する部品や新たに取引を開始するサプライヤーからこれを実行することだ。そして部品価格改定以外のところを着々と準備を進め、3年後に価格改定を行うということでもよいではないか。もしかしたら実現はもっと先になるかもしれない。しかし焦る必要はない。それほど簡単な仕事ではないのでじっくりと準備期間を設ければ設けるほど成功の確率は高まると思われる。

部品価格改定が調達物流改善プロジェクトの最大の難所なんだね。法令違反だけは絶対に避けなければならないし。少しでも心配な点があったら公正取引委員会に確認して進めた方がよさそうだね。

POINT

- 自社で見積もった水準での価格改定を押し通すと下請法違反となる可能性がある。
- サプライヤーの主張する価格改定の水準を鵜呑みにして受け入れるとプロジェクトの効果が大幅に減る可能性がある。
- 焦らず物流費を契約書に明記してから引き取り物流を開始しても遅くない。しっかり準備してから始めることも1つの方法だ。

11　輸送情報システムの構築

　皆さんの会社では運送会社にどのような発注を行っているだろうか。あまり積載率を気にせずにトラック1台という発注をかけているかもしれない。あるいは荷物の量を「今日は12パレット」とか「8山」といったかたちで提示し、それに合わせて運送会社がトラックを手配しているかもしれない。物量が少なければこの程度の発注の仕方でもトラック手配はできるかもしれない。しかし調達物流を始めると物量は大幅に増える。しかも輸送の発注単位はサプライヤーの数だけ存在することになる。これを手計算やパソコンで計算していくことは結構しんどい作業になると思われる。

　そこで検討したいものが「輸送情報システムの構築」だ。このシステムではルート別の物量を計算できることを最大の目的とするものである。

　概要は1つに物流データベースの役割を果たすことが挙げられる。皆さんが調べられた荷姿単位の物流情報を管理できるデータベースとなる。これは新たな荷姿を設定するたびに必要情報を登録していくことになる。もちろん変更時も同様だ。各会社で最も困っていることはこの物流データベースがしっかりと構築できていないことだ。データは最初につくらなければならないが、あとはこのデータベースに入れるだけで運送会社への発注までつなげることができる。

　2つ目は物量計算だ。サプライヤーへの部品発注はSNP単位での発注になっていると思われる。この場合は発注単位が荷姿単位となっていることと同じだ。ということは発注数÷SNPで箱数がわかる。箱数がわかればその箱の容積と重量が物流データベースに登録されているので、簡単に総容積と総重量が計算できる仕組みだ。

　3つ目は運送会社への発注だ。先ほど計算したルート別総容積と総重

量を運送会社に発信することがすなわち発注ということになる。

　4つ目は運送会社の請求書の元データの作成だ。もし輸送運賃を容積建てあるいは重量建てで設定しているのであればその運賃に物量データを乗じることによって荷主が運送会社に支払うべき金額を算出することができる。これがそのまま運送会社が発行すべき請求書の元データとなるのだ。これがあることによって運送会社からの請求の妥当性を検証できることになる。

　このように輸送情報システムはいたってシンプルだ。しかし手計算で実施するのは厳しい作業であるとともに間違い発生の原因ともなる。そこでぜひ輸送情報システムは一定の投資を行って導入しておきたい。

　もし車建てで契約しているのであればこれにサイズ別トラックの配車データを加えて実際の積載率計算をできるようにしたい。もちろん容積積載率と重量積載率を両方示せるようにし、常に今の実力値を把握できるようにしたらよいだろう。

　そしてこの輸送情報システムは購買の発注情報と連携させるとともに、できれば得意先への出荷情報、工場間発注情報とも連携させ、すべての輸送を一元管理できる仕組みにすることが望ましい。今後輸送改善を実施する中で、調達便、出荷便、工場間便を同一トラックで行うことも十分考えられるからだ。

　さらに将来的に考えられることがグループ会社や協力会社との物流の共同化だ。特にグループ会社で自社製品を組み立ててもらっているような事例は非常に多い。もしかしたら購買システムも共通化していることが考えられる。とすれば輸送情報システムについてもグループ企業などと共通化を図っておくとよいだろう。やはり物流はボリュームが一番。できるだけ仲間を増やしてお互いコストダウンを狙いたいものだ。

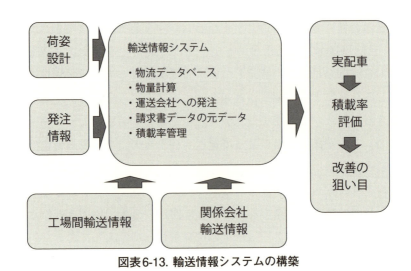

図表6-13. 輸送情報システムの構築

> POINT
>
> - 調達物流を始めると物量は大幅に増える。輸送の発注を容易にするためにも輸送情報システムを構築しよう。
> - このシステムでは物流データベース、物量計算、運送会社への発注、請求書データの元データ、積載率管理などができるようにしよう。
> - 購買の発注システムと連携することで、ルート別物量計算を容易化しよう。

12 日常管理体制の構築

　引き取り物流としてすべてを自社のマネジメント下に置くのであるから、何はともあれ調達物流を本当にマネジメントできる体制を構築しておきたい。特に日常管理が重要になってくる。調達物流の仕組みができ、運送会社の取りまとめ役としての幹事会社を選定したからあとはお任せ的な発想ではまず失敗する。

　この体制は実業務がスタートする前に構築しよう。まず日常業務として何をやらなければならないのかについて確認していく。

　皆さんの会社の生産はずっと一定だろうか。生産アイテムは数多くあるかもしれないがアイテム別に見たとしてもその生産数は一定だろうか。いろいろな業種があるが、多くの場合はアイテム別生産が一定であることはないと考えた方がよいだろう。逆から見れば生産は変動するものと考えるべきだ。その前提に立って日常管理を考えていく必要がある。

　生産が変動するということは調達の内容も変動するということだ。調達する部品が変わる、調達数量が変わる、それに伴いサプライヤーが変わることもあり得る。先月はサプライヤーAから部品Xを1000個、サプライヤーBから部品Yを3000個購入したとする。しかし今月はこの数量が逆転したとしよう。部品と数量とサプライヤーが変わればそれに伴って物流が変わるのは当然のこと。もし先月と今月で同じ物流をやっていたとしたら物流ロスが発生する可能性がある。例えばサプラヤーBに対する引き取り便に隙間ができ、サプライヤーAに対する便は不足し、もう1台積載率30%のトラックが必要となることが考えられる。

　たまたま1つの変動について述べたが、この変動する要素がおびただしい数になることも想定され、同様に従来通りの物流を行っていたらかなりの物流ロスが発生することが想定される。ということで日常管理の

1つ目は生産内容に応じた調達物流方法の変更だ。この変更内容にはルートの組み換え、納入回数の変更、在庫数の変更、使用トラックサイズの変更などが含まれる。

　日常管理の2つ目は荷姿改善の実行だ。モノづくりの世界では「改善は永遠」という言葉がある。常に「現状が最低」という意識を持ち、それを改善していくことが常識になっている。物流の世界でもまったく同様だ。先ほどのルートの見直しも改善の1つではあるが、それ以外にも輸送コストを削減するための改善の視点はある。日々改善を実施していく場合、その筆頭に挙げられるのが荷姿改善だ。時間があれば工場の中を回り荷姿改善の余地がないかを探ることが重要だ。荷姿は一回設定されたらそれで終わり、という性質のものではない。生産数量が変わればSNPを変える。今の荷姿の中にロスがあるのであればそれを解消する。特に荷姿充填率を向上することは部品1個あたりの輸送費を削減することに寄与する。荷姿充填率を向上させるためには「あと1個積み増しできないか」という視点で見ていくとよい。工場の物流担当者にこのタスクを課すだけでも多くの改善ネタが見つかることは間違いない。

　その他にも荷姿のサイズを変更してトラック積載率を向上したり、容器の重量を軽くすることでトラックへ積み込む数をさらにふやしたりと荷姿改善が輸送コスト削減に貢献できる余地は限りなくあるはずだ。なお荷姿については第7章で詳しく説明をしていくのでそちらを参考にしていただきたい。

　3つ目は運送会社を含めた改善の実行だ。調達物流改善は運送会社と一体になって進めることが理想だ。自分たちだけでは気づかないような点を運送会社が知っていることもある。調達先であるサプライヤーの問題点などは毎日引き取りに行っている運送会社だからこそ知り得る情報だ。定期的な連絡会を持つことでお互いの情報を交換しそこから改善点を見つけていく活動につなげたい。

　4つ目は「運ばない改善」や「製品設計上の問題点」など物流スタッフだけではできない改善ネタの抽出だ。物流改善の究極は運ばないこ

と。もし自社の敷地内でサプライヤーが生産してくれたら輸送コスト改善に効く部品はいくらでもあるだろう。サプライヤーにとっても敷地内生産に協力すれば安定的な受注につながりお互いメリットがある。これも常に輸送の現場を見ていれば対象部品、対象サプライヤーが見えてくるだろう。

そして製品設計が物流効率を落としている部品についても目を向けよう。このクリップが無ければ荷姿充填率が倍になるのに、という部品を目にしたことがあるだろう。これらについてネタとして拾い関連部署にフィードバックする。敷地内生産と同様、物流スタッフだけでは実現できないが社内関連部署の協力を得れば輸送コスト改善に効果のあるアイテムを探すことも日常の中で実施していきたい。

> 調達物流改善が途中で挫折してしまう会社があるらしいね。どうやらこの日常管理体制がしっかりしていなかったことが要因らしい。私たちは失敗しないために日々の管理をしっかりとやっていきたいね。

POINT

- 生産は日々変動する。それに合わせて物流も変わらなければロスを招く。物流を変動させられるような日常管理が重要だ。
- 日常改善はさらに重要だ。荷姿改善や運ばない改善など日々現物を見ながら改善ネタを見つけよう。

コラム　荷主勧告制度改定と私たちの留意点②

　2つ目が「道路法（車両制限令）違反」だ。これは車両の総重量、軸重等の一般的制限値又は許可値を超える車両の運行を指す。一般制限値を超える車両で道路を走行するときは、この法令で定める「特殊車両通行許可」の申請を行い、許可証を得なければならないことになっている。これも運送会社の義務だが、これを阻害するあるいは許可申請をさせずに輸送させるなどの行為があれば当然荷主勧告につながる恐れがある。

　3つ目が「道路交通法違反」だ。過積載運行や速度超過などがこれに該当する。例えば皆さんの会社の出荷場でトラックの荷台に隙間がある状態を担当者が見て、さらに追い積みを指示するケースは注意が必要だ。今まで記してきた通りトラック効率には容積積載率と重量積載率がある。重量物は往々にして重量でトラック能力を使い切り容積的に隙間ができる場合が多い。きちんとした重量データに基づき積載しないと過積載になる恐れがあるのだ。また、納期に間に合わないからと運転者を焦らせた結果速度超過を起こしてしまう可能性がある。このような要因を荷主側で発生させると荷主勧告につながる恐れがあるのだ。

　従来は運送会社が法令違反で責任を負っていたものの内、明らかに荷主要因と考えられれば荷主もペナルティを負うようになった。会社のイメージダウンにもつながるのでコンプライアンス意識をきっちりと持って対応していきたい。

> トラック運送事業者の法令違反行為に荷主の関与が判明すると荷主名が公表される制度。ドライバーの労働時間のルール違反、道路法（車両制限令）違反、道路交通法違反など。
> 　　　　　　　　　　　　　　　　　　　　　　　　　　　（平成29年7月1日から開始）

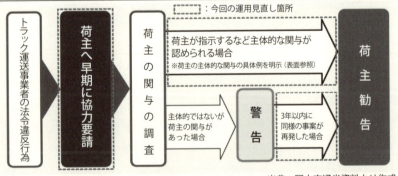

荷主勧告制度の導入

第7章

荷姿設計で輸送を根本的に効率化

荷姿って物流の中で最も重要だといわれているよ。プロに聞いたら、輸送コストを下げたければ徹底的に荷姿を改善しろっていわれたよ。この章で荷姿の極意についてしっかりと学んでいこう！

1 荷姿の重要性について再認識する

　物流5機能の中に「包装」という機能がある。輸送や保管時に製品を保護するための機能であり紙や金属、プラスチック、ガラスなどの材料を使って包装することだ。そしてこれを荷姿と呼ぶ。

　実はこの荷姿であるが物流5機能の内最重要機能であると申し上げたい。もちろん輸送は会社の物流コストの約6割と最大を占めるものでありそれを最重要ととらえるべきという意見もあるだろう。しかし輸送コストを左右するものもまた荷姿なのだ。荷姿を制するものは物流を制するといっても過言ではない。したがって皆さんの会社では真っ先に荷姿をしっかりと検討する体制を築いていくことが望ましい。

　ではなぜ荷姿が最重要なのか。この点について具体例を挙げながら説明していこう。まず工場の中で荷姿が与える影響について考えていこう。ロット生産を行っている部署がある。ロットサイズが2日ロットなのか1週間ロットなのかはその会社の条件と実力とで決まってくる。いずれにせよロット在庫を工場内倉庫で保管することになる。

　仮にSNPを100個とした荷姿があったとしよう。生産ロットが3000個だとすると1回の生産で30の容器が必要になる。これと同条件の部品が10種類あったとすると最大で300容器の保管が必要になる。もし入数を120個とする荷姿改善を実施したらどうなるか。1部品で25の容器が必要になり全部品で最大250容器の保管が必要になる。

　保管エリアについて検証してみよう。5容器を段重ねできるとしたときに100個入りの場合1部品あたり6置場（30容器÷5段）が必要になる。全部品では60置場だ。1置場の面積を2m²とすると全部で120m²、荷扱いフォークリフトのエリアの係数を1.5とした場合120m²×1.5で180m²が必要だということがわかる。次に入数を120としたときは、必要置場数は25容器÷5段で5置場となる。必要面積は2m²×5置場×10

部品×1.5で150㎥となる。その差は30㎥ということになる。これが荷姿改善の保管に与えるインパクトである。必要容器の数と必要エリアの差となって表れるのだ。

　本ケースは容器内充填率を向上させる例を示した。容器内充填率を向上させるためには単に製品を積み増しするだけで向上できるものもあれば製品の並べ方を変更する場合もある。製品品質を考慮しできるだけ多く格納できるように工夫していきたい。さらに今の容器から別のサイズの容器に変更することで容器内充填率が向上することもあるので、その製品に見合った容器を選択して効率のよい荷姿を検討していくとよいだろう。世の中には大は小を兼ねるという考え方があるが荷姿に関してはこの考えは危険である。SNPに見合った容器を設計し荷姿内に余分な空間が生まれないように工夫をしていきたい。

　次に荷役に与える影響について考えてみよう。工場における荷役とは生産工程でのフォークリフトによる容器の入れ替え、製品の入った容器の保管場への運搬、保管場での指定場所への格納、空容器置場での容器の出し入れなどが考えられる。先の例を使って考えてみよう。生産工程での容器入れ替えに3分、保管場までの運搬で1分、保管場での格納で0.5分、空容器置場での容器取出しで0.5分、生産工程への空容器運搬で1分、合計で6分かかるとしよう。100個入りの荷姿の場合、100個生産に1回、ロットサイズが3000だからその生産中に30回この荷役作業が発生する。荷役作業の所要時間は6分×30回で180分ということになる。120個入りの場合は荷役作業が25回発生し所要時間は150分ということになる。ここでも30分の差が出てくることがわかる。

POINT

- 荷姿（包装）は物流5機能の内最重要機能である。荷姿はあらゆる物流活動に影響を及ぼすからだ。
- 荷姿を制するものは物流を制するといっても過言ではない。

2 荷姿改善が輸送に与える影響と荷姿技術の重要性

　さらに荷姿改善の影響は工場の外で発生する輸送工程で最大となる。引き続き先ほどの例を使って考えてみよう。仮にトラック1台に24容器積載が可能だとしよう。この製品を輸送する時の運賃が5万円だったとすると製品1個当たりの運賃は5万円÷（24×100個）で20円83銭だ。SNP120の場合はそれが17円36銭となる。もちろんSNPを増やして輸送する時に重量オーバー（過積載）とならないようにすることが前提となる。もし重量オーバーになるのであればトラックのサイズを変更するという手段を考える。仮に1サイズ大きなトラックに変更したとしよう。運賃がトラック1台6万円で30容器が積載可能だとすれば、6万円÷（30×120個）で製品1個あたり運賃が16円67銭だ。

　つまり輸送効率を向上させるためには製品1個あたりの荷を縮めること、これが第1ステップだ。使用するトラックの能力を最大限に発揮するためにより多くの荷物を積めるようにするためだ。しかし重量物の場合いずれトラック積載重量に到達してしまう可能性がある。そのときにはより重量能力を保有するトラックやトレーラーに変更する。ビール会社が採用している手法だ。ビール会社では荷姿改善を行い、瓶や缶などの容器重量を軽量化している。さらに合わせ技でより積載能力のあるトラックを採用している。これは物流の本質を押さえた理想的な輸送改善といえる。

　いかがだろうか。荷姿が多方面に影響を及ぼすことをご理解いただけたのではないだろうか。このことこそが物流において荷姿が最重要要素であるということの理由である。したがって皆さんの会社でも荷姿が物流コストを左右するカギであること、そして輸送コスト削減には無くてはならないアイテムであるという認識のもと物流改善に取り組んで行っていただきたい。

これほどまで重要な荷姿ではあるがこの荷姿設計に人材を充てている会社はそれほど多くないようである。数年前にテレビ番組で某製造会社の包装技術担当者の取り組みの様子が放映されたことがある。階段下の仕事場で肩身の狭い思いをしながら包装設計を行っていく様子が共感を呼んだ。ご覧になった方もいらっしゃるのではないだろうか。これが多くの会社の実態である。製品設計には人材を投入したとしても荷姿を含めて物流に人材を入れる会社は多くはない。しかしプロローグでも解説させていただいた通り物流コスト改善は会社の利益向上に直結する重要アイテムなのだ。物流専任のスタッフでも生産技術のスタッフが物流を担当するのでも構わない。要は重要機能である物流についてマネジメントできる人材を社内に置くべきだということである。

　もし社内に物流スタッフを置くとしたら最初に荷姿設計を行わせるようにするとよいだろう。荷姿設計は製品設計や工程設計と並んで重要な業務だからである。海外の会社ではパッケージングエンジニアとして確たる地位を築いている。なぜか日本ではあまり重要視されていないのだが。実際のところ物流は設計段階でほとんどが決まってしまう。工場や倉庫の立地で輸送距離が決まる。構内レイアウトを決めれば工程間運搬の発生が確定してしまう。そしてこの荷姿である。製品を立ち上げた時に荷姿が決められ保管場の面積や荷役作業工数、そして出荷に伴う輸送コストが決まる。物流は工場立地や工程設計、生産作業などのあらゆる活動の結果として表れるからである。

　もちろん後から改善することも可能でありそれに取り組む必要はあるのだが、大幅な改善はなかなかできないのが実態である。要は「物流は最初が肝心」なのだ。工程設計などがよくないと物流は常に発生し続ける。そこで荷姿技術を社内に位置付けることにより「生まれのよい荷姿」を設計していきたい。

　社内に荷姿設計部署を設けそこに荷姿技術者を置く。荷姿技術者はその荷姿が影響を及ぼす工程を視野に入れながら設計を実施していく。前モデルに対してそれぞれの影響度をどの程度改善するかの目標値を定め

て取り組むことが望ましい。例えば製品1個当たりの容積を5%縮める、容器必要数を10%減らす、出荷輸送費を8%削減するなどといったKPI値を明確にして取り組んでいきたい。

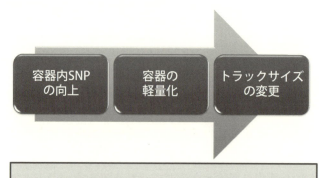

荷姿改善（容器内SNPの向上、容器の軽量化）とともにトラックサイズを変更することで、輸送コスト改善は大きく進む。

図表7-1. 荷姿改善と輸送改善

POINT

- 荷姿改善の影響は工場の外で発生する輸送工程で最大となる。輸送コスト削減の最大のアイテムは荷姿改善だ。
- できれば荷姿改善と並行してトラックサイズの変更も考えよう。この合わせ技で輸送は大きく改善される。
- 社内に荷姿設計部署を設けそこに荷姿技術者を置こう。荷姿技術者はその荷姿が影響を及ぼす工程を視野に入れながら設計を実施していこう。

製品設計と荷姿設計のサイマル活動で大幅に輸送コストを改善しよう

　荷姿設計にあたって非常に大切になるポイントがある。それは製品の格納のしやすさ、取り出しやすさなどの作業生産性である。物流用語ではあるが「一貫荷姿」という考え方がある。この意味するところは前工程でつくられた荷姿を後工程でもそのまま使うということである。海外工場の生産工程では製品を容器に入れて作られた荷姿をそのままコンテナに詰め海上輸送する。そのコンテナが港に着いたらそのまま工場に引き込み荷姿を変えることなく生産工程に払い出し、そこから製品を取り出して生産に使うというものが一貫荷姿だ。物流の過程で荷姿を変更する必要が無いため物流効率に寄与するという発想である。

　ここで1つ注意すべき点がある。この一貫荷姿は長距離を輸送する場合に使われるケースが多い。ただし輸送に適した荷姿は必ずしも生産工程に適した荷姿とはいえない。なぜなら輸送に適した荷姿は製品が容器内にぎっしりと詰め込まれた荷姿だからだ。このような荷姿を次工程で

・前工程でつくられた荷姿のまま後工程で使用する。
・物流の途中で荷姿を変更する必要が無いため、物流効率化に貢献できる。（←一般的解釈）

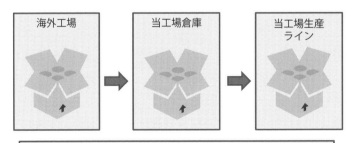

図表7-2. 一貫荷姿

ある生産工程に払い出したとすると「取り出しにくさ」を発生させ生産効率を低下させかねない。荷姿技術者はその荷姿は「何のための荷姿なのか」という観点を常に頭の中に入れて荷姿設計を実施していきたい。

つまり一貫荷姿は必ずしもベストな荷姿とはいえず、むしろ輸送用荷姿と生産工程供給用荷姿とは異なるものだという考え方を持つべきかもしれない。

もし皆さんの会社でプレス工程の後に溶接工程を持っているのであればその溶接工程の生産性を重視した取り出しやすさ優先の荷姿設計を行う。プレス後に出荷するのであれば輸送効率を重視した容器内充填率優先の荷姿設計を行っていくべきだろう。このどちらも両立させるという発想で作られた荷姿は、往々にしてどっちつかずの中途半端な荷姿になる可能性があるため注意が必要だ。

つまり容器内充填率もまあまあのでき栄え、取り出しやすさもそこそこのでき栄えという荷姿になりがちなのだ。輸送するまでは充填率重視の荷姿とし、輸送後に生産工程に払い出す荷姿に変更する方がトータルコスト的には儲かるケースもある。常に全体最適を考えながら仕事をしていこう。

荷姿設計は製品設計と同時に行うことが一番理想的である。要は荷姿効率を製品設計に反映しようという発想である。物流先端企業はすでにこの領域まで踏み込んだ活動を実施している。

荷姿効率は製品の微妙な凹凸によって大きく異なってくる。それならば製品設計側で若干の修正を入れようという発想になる。これは製品設計と荷姿設計のサイマル活動によって生まれてくるのだ。これからの会社は製品設計や工程設計には資源を投資しても物流には投資しないなどといっていられない時代が到来したのだ。既にこのことに気づいている会社は荷姿サイマル活動に取り組み物流コストを大幅に削減している。ぜひ皆さんの会社でも検討してみてはいかがだろうか。

第 7 章　荷姿設計で輸送を根本的に効率化

図表7-3. 製品設計と荷姿設計のサイマル活動

POINT

- 一貫荷姿が本当にメリットあるのかどうかはチェックしてみる必要がある。
- 輸送用荷姿と生産工程供給用荷姿とは異なるものだという考え方を持つことが必要だ。
- 荷姿設計は製品設計と同時に行うことが一番理想的である。物流効率を考慮し製品設計を変更することも辞さない取り組みが必要だ。

4 輸送モードに合わせた荷姿モジュールを作ろう

　もしかしたら皆さんは「ありもののトラック」に「ありものの容器」を積んでいるのではないだろうか。「ありもののトラック」は仕方がないことと思う。皆さんがトラックの設計を行うことはほぼ不可能だからだ。一方で「ありものの容器」や「ありもののパレット」にこだわる必要性はない。なぜならこれらは皆さんが設計し、製作することが十分可能だからだ。

　何度も述べてきたことだが、私たちはトラックの保有する能力を容積的にも重量的にも使い切ることで輸送コストを削減することができる。しかし「ありもの」では限界があるのだ。これは皆さんご存知の通り、1.1系パレットでは必ず大型トラックの荷台に隙間ができることからも明らかだ。ではどうしたらよいのか。それは自分たちで荷姿モジュールを設計することだ。

　そのときの考え方は「最もよく使うコンテナあるいはトラック」にぴったりとはまるモジュールを作ることにある。コンテナあるいはトラックの荷台を1つの豆腐であると考えていただきたい。これを縦に横に切っていって同じ形の直方体を作ることをイメージしていただきたい。どこまで細かく切り刻むか。それは皆さんの会社の製品の大きさによる。調達物流に使うのであれば構成部品の大きさによって変わってくる。

　この方法でモジュールを作ることで解消できる輸送上のロスにはいくつかある。1つ目はトラックの荷台に必然的にできる隙間の解消だ。もともとでき合いのパレットや容器は必ずしもコンテナやトラックに合わせて開発されているとは限らないからだ。2つ目はパレットに容器や段ボールを積みつけたときに中心にできるピンホールの解消だ。風車組に積むことで荷崩れを軽減できるからといわれているが、他にも荷崩れ防

第7章　荷姿設計で輸送を根本的に効率化

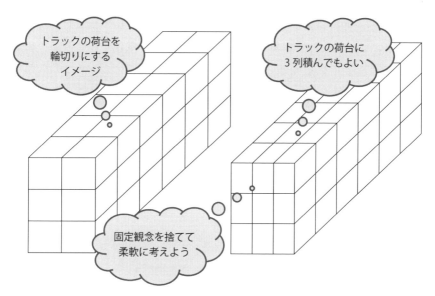

図表7-4. 最もよく使う輸送機器に合わせた荷姿モジュールを検討する

止方法はある。むしろパレタイズ荷姿の真ん中に「空気」を入れる必要はないのでぜひ解消したい。3つ目は容器圧縮による輸送容積の縮小だ。でき合いの容器は圧縮タイプでない場合がある。リターナブル容器として使用する場合、返却時は「空気を運ぶ」ことになり非常に効率が悪い。これを意図的に圧縮タイプとすることで解消することが可能になる。

　モジュールを考えるときはぜひフリーな発想で考えてみるとよい。トラックの荷台に2列並ぶモジュールが一般的だがこれは固定観念だ。むしろ容器の奥行寸法を縮めて3列にすることも1つの考え方だ。これも製品特性によって判断されることだが、実際に筆者の経験によれば2列から3列にすることで積載可能数を1.5倍にすることも可能になる。これは容積的な話だがもしその際に重量オーバーになったらどうしたらよいだろうか。つまり容積積載率がほぼ100％で、重量積載率が130％になってしまったようなケースだ。この時は2つの方法を考える。1つは容器をそのまま採用しトラックのサイズアップを図ることだ。10トン

車を14トン車に変更するイメージだ。もう1つは容器の重量を軽くすることだ。ビール会社が容器（瓶、缶）の重量を軽量化し、より多くの製品を運べるようにした事例がこれにあたる。さらにこの2つの合わせ技、つまり容器も軽量化するしトラックもサイズアップする。輸送のプロであればこのような発想を持って取り組んで行きたいものだ。

今保有している容器モジュールでは輸送ロスを発生させてしまう場合、モジュールをつくり直すことで輸送コスト削減に大きく寄与することができる。ただし容器投資が必要となることも事実。私たちは常に回収期間を考慮し、できるだけ早期回収を目指して取り組むべきだ。

> はっきりいって目からウロコだね！トラックに合わせて容器を考えるなんて発想は持ったことなかったよ。うちの会社がどれだけこの視点で改善余地があるのかを調べてみることにするよ。

POINT

- 「ありもののトラック」に「ありものの容器」を積載すると輸送ロスを発生させる。
- 「最もよく使うコンテナあるいはトラック」にぴったりとはまる容器モジュールをつくる必要がある。
- トラックのサイズアップや容器の軽量化にも取り組み、トラックの能力を目いっぱい使い切ろう。

第 8 章

輸送パートナーの選定と共同活動

サプライチェーンを効率的に運営していくために、輸送パートナーの協力は重要だ。価格だけではなく、真の実力を見極めて選定したいね。パートナーの正しい選定方法と共同活動について学んでいこうね。

1 輸送アウトソース時の落とし穴にはまるな

　皆さんが輸送業務をアウトソースしようとしたとき注意したいことは会社にとって本業ではないからすべてプロに任せようという考え方だ。プロに任せるという発想自体は間違っていない。しかし相手が本当にその道のプロであることを見極められているかどうか。ここは重要なポイントだ。そしてもう一つは相手に対する任せ方である。「どの仕事をどのように実施して欲しいのか」、これを正確に伝えておかないと当初思っていたことと異なる結果を招きかねない。委託先に自分たちの思いを正確に伝えきれずに始めたアウトソースや、委託先のパフォーマンスをきちんと管理できていない実態の見えない丸投げアウトソースは失敗確率が極めて高い。笑い話ではないがアウトソースが失敗していることにすら気づかない場合もあるのだ。なぜならそのアウトソースの成功・失敗の判断基準があいまいだからだ。

　アウトソースは会社が儲かるから実行することが一般的。この「儲かる」基準は明らかになっているだろうか。単価が決まっていて簡単に計算できるようになっていれば儲かっているかどうかは判断できる。しかし支払基準が大くくりになっていると実態がよくわからなくなる場合があるので注意が必要だ。

　輸送業務をアウトソースすることを考えてみよう。定期的に特定のサプライヤーから引き取る輸送業務は定型業務であり単価を決めやすい。したがって生産台数がわかれば物量も計算でき支払金額は容易に把握できる。一方で当初想定していなかった輸送業務を委託することが発生したとする。例えば得意先へ出荷すべき製品に生産遅れが生じ、臨時にトラックを手配しなければならなくなったようなケースだ。いわゆる「特便」だ。急ぎなので相手の言い値で支払ってしまうようなことはないだろうか。「特便」をゼロにすることは難しい。都度発生する特便を言い

図表8-1. 丸投げアウトソースの落とし穴

値で買い続けることが半ば当たり前になってしまうこともありうる。

このケースに限らず、業務を発注先に丸投げにしているとだんだんと自社では業務内容がわからなくなってくる。業務のブラックボックス化だ。結果としてお金を払って実施してもらっている「その輸送」が妥当かどうかさえ判断がつかなくなる危険性がある。

そこでアウトソースを開始したならばどこかのタイミングでぜひ見直しを実施したい。その見直しとは発注業務の見直し、価格の見直し、発注先の見直しなどさまざまである。丸投げの状態のまま見直しを実施していないとすると余分な支払が発生したり思わぬロスを抱えたままでいたりする可能性もある。

POINT

- 委託先のパフォーマンスをきちんと管理できていない実態の見えない丸投げアウトソースは失敗する確率が極めて高い。
- 開始したアウトソースは定期的な見直しを実施し、ロスが発生する状態になっていないかどうか確認しよう。

2 アウトソースの妥当性を点検しよう

　調達物流のアウトソース先を決める前に、現在会社でどのような物流業務をアウトソースしているのかについて点検を行ってみよう。今まで当たり前のようにアウトソースしている物流業務が実際には社内で行った方が効率的であったり、やたら高い価格で契約していたりする場合がある。本来会社としてどのような業務を社内で実施し、アウトソースする業務はどのような業務なのかについて明確なポリシーが必要だ。

　ということで、ここでアウトソースのポイントについて少し考えてみたい。以下に掲げるような物流業務は基本的にアウトソースしてもよい。場合によってはアウトソースすることで大きなメリットを享受できる業務もあるだろう。

① 会社としてノンコアである業務

　製造業の本業はモノづくりである。そこでこの本業からかけ離れた業務についてアウトソースするという考え方がある。いわゆるノンコア業務である。一方で工場にとってモノづくりはコア業務と考えられる。まずこのコア業務、ノンコア業務の論議を会社内で行い明確な定義づけをすることが望ましい。

② 物流コストダウンが図られる業務

　工場でのコア、ノンコア論議で物流業務がノンコアだと定義されたとしよう。ノンコア業務のなかでも、よりコストメリットがある業務から優先的に実施するのは当然だ。物流業務の内「輸送業務」は自社で行うよりも専門業者に任せた方がコスト的にメリットがあることが多い。なぜなら輸送専業者は独自のネットワークを持っているため積み合わせによるコストダウンが可能になるからだ。このオポチュニティはぜひ活用

したい。

③ より専門性を求められる業務

　工場の場合、モノづくりには長けていても物流業務に時間をかけてスキルを向上させることは資金的にも時間的にも厳しいことが考えられる。そこでこれらの類の仕事はスキルと時間を外部から購入するという発想でアウトソースしてみることも1つも方策だ。例えば輸送に付随する業務に輸出梱包がある。この業務は品質管理の点、輸送効率の点などで専業業者のノウハウを生かすことでメリットを享受することができる。このような物流業務は優先的にアウトソースする方が望ましい。

　自社の物流業務について、これらの観点で一度点検を実施してみよう。点検を通してアウトソースを継続するものと社内に戻すものとの識別ができる。場合によっては新たにアウトソースした方がよい業務も見つかるかもしれない。
　次にすでにアウトソースされている業務についてその妥当性を検証してみよう。一番のポイントはコストメリットである。かつて人員不足の際にやむを得ずアウトソースし、それがそのまま継続している場合は要注意だ。このようなケースでは、かつては自社でできていたという事実がある。つまり新たに特別な専門性を要する業務ではないと考えられる。自社で実施した場合と比較し明らかにコストメリットがあるのかどうかを検証しよう。
　国内生産が落ちてきた影響で人が余剰傾向の工場もあるかもしれない。この場合もアウトソース見直しの一つの要因となる。社内ですでに保有しており新たな資源を要しない場合はその業務を社内に取り込む決断も必要だ。
　さらに市場の動向についてもアウトソース実行の判断基準となる。昨今のように物流業界で起きている人材難のようなケースだ。繰り返しになるが輸送はアウトソースによるメリットは大きい。しかし輸送の安定

度からいうと100％専業者に委託することはリスクが大きすぎるかもしれない。固定観念を外し輸送を社員で行うことや物流子会社をつくってそこで運ばせることも長期的経営の観点からは検討すべきだ。基本的には前記のような物流アウトソースの妥当性を押さえながら、一方ではリスク分散を図ることもサプライチェーンを維持するためには必要なのだ。

視点	利点の程度	理由
コストメリット	○	保有するネットワーク、車両などを活用できる。他社の荷物もあり、混載による輸送コスト低減に寄与できる。
安全性	○	社員を公道で仕事をさせる必要性がないため事故のリスクがない。
品質	○	ベテランドライバーによる丁寧な運転は輸送途上の品質保持に寄与できる。
専門性	△	場合によっては社内の物流スタッフの気づかない専門的な知識を教えてもらえる可能性がある。
改善力	×	輸送を含め物流業界全体的に管理技術、改善力が不足している。

図表8-2. 輸送アウトソースの利点

POINT

- 「会社としてノンコアである業務」、「物流コストダウンが図られる業務」、「より専門性を求められる業務」がアウトソース業務を判断する視点だ。
- 「輸送業務」は自社で行うよりも専門業者に任せた方がコスト的にメリットがあることが多い。
- ただし将来的なリスクを考慮し、輸送の一部を社員あるいは物流子会社で行うという発想も必要だ。

物流アウトソース前にやっておくべきこと

　物流業務のアウトソースを検討する第一歩として自社で抱える物流業務の整理から始めてみよう。物流業務とはその名の通りモノの流れに関する業務ととらえることが自然だ。そこで工場にモノが入ってから出ていくまでの流れに沿って業務を整理してみる。

　まずは資材や部品の調達業務である。一般的に資材や部品はトラックで輸送されて工場に納入される。このトラックの手配を自工場で行っている場合にはその手配業務と実輸送業務がある。

　そして納入された資材や部品は納入検査を受けた後、いったん資材・部品倉庫で保管される。この過程で運搬や倉庫への入庫、出庫そして在庫管理業務、品質管理業務が発生する。

　生産に必要なタイミングを迎えると、倉庫から生産ラインへ資材・部品を供給する。同時に生産指示情報（かんばんやラベル）と完成品用容器を届ける。

　製品が完成するタイミングになると生産ラインへの引き取り業務が発生する。完成品はいったん保管エリアで保管されるとともにそこで在庫管理が必要になる。完成品は必要なタイミングで出荷場に荷揃えされる。この時に出荷指示リストが作成され、それに基づいて荷揃えされることが一般的だろう。

　荷揃えされた完成品は客先へと納入されるが、そのための配車手配業務があり実輸送が発生する。この一連の業務の間に容器数量管理や実容器の保管やメンテナンス業務があり、フォークリフトやトラックの点検・整備業務も発生している。大体工場で行われている物流業務のアウトラインはこういったところだろう。

　ここで注意すべきポイントは、物流業務を供給や輸送などの実作業と、在庫管理や配車手配などの管理業務に分けて両者ともに漏れのない

ように把握することである。そしてもし情報システムを使っているのであれば「配車管理システム」や「容器管理システム」といったようにシステム名称単位で洗い出しておきたい。

　自工場で発生している業務の洗い出しが終わったところで、今度はそれぞれの業務について具体的にどのような作業をどのような手順で、そしてどのような頻度で行っているのかについて正確に把握していこう。標準作業書があればそれを使うことでこの過程は終了である。ただし標準作業書に書かれていない業務があればそれをきちんと整理しておくことが重要だ。なぜならこのひと手間が後々アウトソースする際に必要になる「仕様書」作成に役立つからである。

　よく物流業務をアウトソースした荷主会社から「アウトソースしたものの期待したほどの効果が無かった」との嘆きの声が聞こえてくることがある。しかし実際にはアウトソース先に業務の内容をしっかりと伝えていなかったことが原因として考えられる。アウトソースを成功させるためには非常に大切なポイントなので、じっくりと時間をかけて発生業務の把握を行っておきたい。

　発生業務が把握できたところで次にそれぞれの業務に必要なおおよその工数を測定しておきたい。標準作業書を作成している場合には標準時間が記入されていると思われるので、その時間値を使えばよい。もし標準時間が設定されていなければ大体一回当たり何分かかるのかを実績から割り出して整理するようにしよう。

　この発生工数を把握する理由は、アウトソースする際にアウトソース先から提示された価格を検証するためである。工場は外払金の管理が厳しいため、何となく高い、何となく安いといった感覚で判断することは許されないはず。自社でやったらこれくらいかかるというスタンダードを持って、それと提示価格を比較し理論的に価格の妥当性を判断できるようにしておこう。

　以上のようにアウトソース先が業務を請け負うにあたって必要となる情報を正確に把握し、実際にアウトソースが発生した際にそれを先方に

伝えることができるように準備しておくことが重要だ。これを伝えるツールを「仕様書」と呼ぶ。

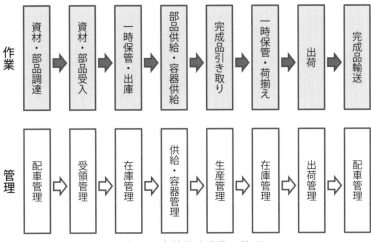

図表8-3. 自社物流業務の整理

POINT

- 輸送業務を含めた物流業務のアウトソースを検討する第一歩として自社で抱える物流業務の整理から始めよう。
- 物流業務を供給や輸送などの実作業と、在庫管理や配車手配などの管理業務に分けて両者ともに漏れのないように把握しよう。
- 発生業務が把握できたところでそれぞれの業務に必要なおおよその工数を把握していこう。アウトソース先から提示された金額を検証する際に必要となるからだ。

物流作業「仕様書」の作り方

　物流アウトソースの成否を握るカギともいえる「仕様書」。この仕様書のでき次第で物流アウトソースが上手くいく場合もあれば失敗することもある。それだけ重要な項目であるのでここはじっくりとお読みいただきたい。

　仕様書とは第6章で実行したRFIで絞り込まれ、RFPで晴れて候補先に選ばれた会社に提示するものだ。念のために運送会社選定プロセスについて**図表8-4**に示しておくので参考にしていただきたい。仕様書は運送会社に何を実施して欲しいのかを正確に伝える重要なドキュメントであるとともに、見積をもらうための条件書でもある。運送会社は提示された仕様書に基づき自ら持つ資源を有効に活用し、場合によっては外部

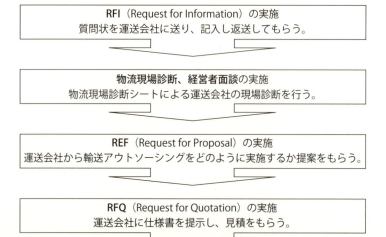

図表8-4. 運送会社選定プロセス

から調達し、皆さんの会社が望む仕事を実施しようとする。またその実施に際して必要となる価格を提示する。それだけにこの仕様書の内容が不十分であると期待外れの仕事をされる可能性があるし、受注側としても安全を見て見積価格を高く設定しがちである。したがってこの仕様書のでき栄えが皆さんの会社へと跳ね返ってくると考えた方がよい。

ではどのようにしたらできのよい仕様書を作成することができるだろうか。それは一言でいうと「標準作業書を作るつもりで仕様書を作成すること」である。場合によっては今の標準作業書をメンテナンスして先方に提示することでも構わないだろう。ただしその場合は作業手順については最終的には受注側で決定することになるので、要求する仕事の条件だけ伝えることができれば問題ない。

仕様書を作成して提示する際にもう一つ注意しておきたいのが「量の情報」である。輸送業務においては物量が重要な要件となる。この量によって受注側の売上も決まる。またその売上に見合った価格が提示される。裏を返せば物量が大幅に変動すれば価格も変動するということである。この「量の情報」の提示の仕方であるが、ルート別にそれぞれ提示することが望ましい。例えば浜松市から横浜市まで日当たり容積200㎥、重量30トンといった具合に物流量を提示するのである。発地着地情報はその事業所の所在地を示していこう。物量提示の仕方は月間物量、年間物量でも示すとともに、受注会社の投資を考慮し3年間分提示することが望ましい。もちろん予測物量であり実行段階で物量は変動することもありうる。そこでこの提示物量が一定の何パーセントを超えて変動した場合には再見積を行う旨明記しておくとよい。

また輸送では荷姿情報が重要となる。実際にそのルートでどのような荷姿になるのかの情報も提示していこう。第2章で調査した荷姿情報や容器情報などを活用し、荷姿寸法や荷姿重量、容器タイプや折り畳みの可否などについてもできる限り提示していきたい。

次に使用して欲しいトラックのサイズとタイプを記載する。例えば10トン・ウイング車というように指定しよう。そしてそのトラックを

使用した際の積載率考慮の可否についても記載する。基本的にトラック積載率70%を輸送価格の前提とするような書き方をするとより精度の高い価格が提示されると期待できる。併せてルート別の日当たり輸送回数、高速道路の利用可否、積込条件（荷揃えの有無、荷揃え場までの距離）、荷降ろし条件（荷降ろし場の数、荷降ろし場までの距離）、輸送価格の設定方式（個建て、車建てなど）を記載する。

　最後に運送会社に改善提案をしてもらえるかどうかの意思確認を入れておくとよいだろう。物流アウトソースを実施した荷主会社がよく口にする言葉、それは「アウトソース先から何の提案もこない」という失望の言葉だ。基本的に荷主企業が最も期待している提案とは物流コスト削減につながる提案だ。しかし物流会社にとってみるとそのような提案は一般的に自社の売り上げが低下するアイテムだ。だからこそプロの視点でこうすればコストが下がると堂々といってきてくれるかどうかを最初に確認しておいた方が望ましいのだ。

POINT

- 仕様書は運送会社に何をやって欲しいのかを伝える重要なドキュメントであるとともに、見積をもらうための条件書でもある。
- 輸送アウトソースでは「量の情報」が極めて重要。量の情報はルート別にそれぞれ日別、月間、年間で提示することが望ましい。
- 仕様書には運送会社に改善提案をしてもらえるかどうかの意思確認を入れておくとよいだろう。

第8章 輸送パートナーの選定と共同活動

5 公平公正なアウトソース先選定方法

　仕様書ができ上がったらぜひ実施したいのが「仕様説明会」だ。候補会社に一堂に会してもらい、その場で作成した仕様書の説明を行うのだ。この仕様説明会を実施する理由は2つある。1つは候補会社各社に対する公平性を期すことだ。説明の内容が会社ごとに異なることは望ましくない。すべての候補会社が同じ情報を得られることが重要だ。もう1つは疑問点に関する情報の共有化だ。どこかの会社が疑問に思ったことはその場で質問してもらい、その場で回答する。この情報をすべての候補会社で共有できることも説明会実施理由の1つなのだ。

　この仕様説明会の場で輸送価格の見積もり依頼を実施する。同時にあらかじめ落札会社決定のポイントを定めておき、それを告知しておくことが望ましい。仕様説明会から2週間後を見積書の提出日と定め、それに間に合うように各社から提出してもらうようにしよう。

　候補会社から見積書が出揃ったところで最終的な委託先の選定プロセスに入ることになる。この選定条件についてはあらかじめ定めておく必要がある。ではどのような条件を定めたらよいだろうか。選定要素は4つある。1つ目は価格である。提示された価格が自社の期待する水準であるかどうかがポイントとなる。

　2つ目が技術的要件である。自社の物流を請け負ってもらうに十分な物流技術力を兼ね備えているかどうかを評価する。一例として輸送途上で倉庫が必要になる場合、倉庫の地理的位置や規模、荷役時の雨天対策や安全確保などが自社の要求水準に見合っているかどうかをチェックし判断する必要がある。輸送業務では協力会社を含めたトラック台数などの輸送能力が繁忙期にも対応できるかどうかは重要なポイントとなる。技術力には物流作業者の能力、現場管理力なども評価対象になるだろう。

3つ目は委託先の物流現場の状況である。委託先の現場の実態について評価表を使って判断すればよいだろう。これは候補会社絞り込みに時点で事前に実施してあればそのデータを流用すればよい。
　4つ目は改善提案力である。長く付き合っていくためにはその間でプロの観点からいろいろな改善アイデアを出してもらい、物流品質向上や効率化に寄与して欲しいところ。そこでどのような改善提案ができるのか、どれくらいの効果を貢献してもらえるのかなどについて確認しておきたい。
　この4つを総合して委託先を決定しよう。よくある失敗パターンとして「価格のみで選定」した案件を見かける。安い価格に思わず飛びついて発注したものの、実際に始めてみたら大変なことが発生！委託先が受注業務を上手く運用できずに物流がストップしてしまったというような事例である。このような「安かろう悪かろう」的な発注は禁物である。「ハネムーン価格」に騙されてはならない。委託先訪問を実施し、その会社の実力を自分たちの目で見て判断しなければならない。最終的には4つの要素を重みづけした点数のトータル値で判断することになる。
　それぞれの点数についても基準を設定しておく。例えばすべての物流技術仕様を満たしていれば何点で、それに倉庫の使い勝手や物流作業者の技能レベルなどの条件で加減点をしていくようなルールを決めておきたい。価格についても各社の順位に応じた得点や期待値達成度合いに応じた加減点をしていく。改善点についても自社のニーズに見合った提案や自社では思いもよらなかった提案などに応じた点数基準を決めておけばよいだろう。このような基準をあらかじめ定めておくことで担当者による恣意性を排除し、公平公正な選定を可能とするのだ。

1. 単価条件：㎥あたり単価とする
2. 容積は容器の外寸法による（平パレットは容積に含めない）
3. 発注予定物量は添付別紙のとおりとする
4. トラックは10トン標準車前提とする
5. 料率算出の前提容積は35㎥とする
6. 積込・荷降ろしはドライバーによる自主荷役とする
7. 尚、標準荷役時間は20分とする
8. 到着時刻については指定あり
9. 保険は輸送会社負担とする
10. 契約期間は3年間とする
11. 改善協力：3年間での改善提案％を回答いただきたい

図表8-5. 輸送費見積依頼書（例）

POINT

- 仕様書ができ上がったらぜひ仕様説明会を実施しよう。
- 最終的な委託先の選定にあたり条件を定めておこう。その条件とは「価格」「技術的要件」「委託先の物流現場の状況」「改善提案力」の4つだ。

6 委託先管理はアウトソース成功のキーポイント

　委託先である運送会社が決まったら、あとはその会社にお任せというわけにはいかない。自社の要求に見合ったSQDCMのアウトプットを出してもらえているかどうかはしっかりと判断できるようにしておこう。そのために委託先評価を実施していきたい。この評価は委託先管理の一環として実施する。複数社に発注しているのであれば、この評価結果で将来の発注シェアを変えることも考えていこう。また成績優秀な委託先は年度末に表彰を行うなどしてモチベーション向上につなげてもらうとよいだろう。

　評価のための評価ツールも準備しておこう。RFIのときに作成した評価表を多少加工して使えばよい。このツールを使った評価結果は委託先に開示し、レベルアップにつなげてもらおう。発注側のタスクとして委託先の改善サポートがあることを知っておいていただきたい。このサポートは委託先の改善になるばかりでなく、自社にも改善効果が及ぶことになる。

　特に運送事業者は5SやQC、改善の取り組みなどをほとんど経験したことがない。日本の中でも運送業の生産性がとりわけ低い理由はここにある。一方で優秀な運送会社は必ずうるさい荷主を抱えている。うるさい荷主はいろいろなことを運送会社に要請するが、これを解決するために運送会社は多様な工夫を凝らす。またうるさい荷主は手厳しいことをいうだけではなく、運送会社のレベル向上のために多方面からの支援を実施している。できればこのような関係を構築していくことが望ましい。

　日常の中ではぜひ運送会社と定期的にミーティングを行っていこう。このような場を持つ会社はそれほど多くはないかもしれない。しかしこの定期ミーティングは自社の物流レベルを向上する大きなトリガーとな

るのである。ではどのようなミーティングを行っていったらよいだろうか。以下のステップを参考にしていただきたい。

① 運送会社選定時にお互いの改善目標を決定する。自社が改善すべきこと、運送会社が改善すべきことについて数値目標を定めることがポイントである。
② お互い協力し合いながら改善目標達成のための活動を進め、その進捗状況報告を行う。
③ 改善の期日が来たところでその効果について確認する。
④ 効果が目標値を下回ってしまった場合にはその対策を検討し実行する。

このように発注側と委託先が共同で改善活動を進め、その状況について定期ミーティングで確認していくことによりPDCAサイクルを回していくのである。併せてこのミーティングで自社の中長期生産計画や現時点での状況などの情報を運送会社に提供しよう。運送会社が事前情報に基づいた効率的な業務運営ができる環境整備をサポートするのだ。急激に生産が増えて物流業務に支障をきたすようなことを防ぐためにも、運送会社への情報提供は欠かせない。

また年に2回ほどパフォーマンスレビュー・ミーティングを実施することをお勧めする。これはお互いの会社のトップマネジメントが出席して会社の状況や最新の生産状況、物流情報などについての意見交換を行うとともに、改善の進捗状況についてのパフォーマンス確認を行う場だ。節目である上期終了時点と年度終了時点に実施し、お互い年初に合意した約束事項を確実に実行しているのかを両社のトップマネジメントの前でそれぞれの会社の担当者が報告を行う。トップマネジメントはその報告に対して的確なアドバイスをする。これがまた次年度の活動に生きてくることになるのだ。

お互い共通のサプライチェーンの構成メンバーであるためそれをより

よくしていくという共通認識を持つ。どちらか一方だけの利益を考えるのではなく、すべての参加会社のそしてサプライチェーン全体の利益を考えて実行計画を検討する場でもある。

図表8-6. パフォーマンスレビュー・ミーティング

POINT

- 委託先管理はアウトソース成功のポイントだ。発注したらあとはお任せ、では困る。
- 運送会社評価を実施するとともに、課題点をお互い協力して改善していく活動を心がけよう。
- 年に2回はトップマネジメント参加のパフォーマンスレビュー・ミーティングを実施しよう。

7 輸送パートナーとの共同改善活動の実践

　せっかく物流のアウトソース先を選定したからには彼らのプロとしての力を借りない手はないだろう。工場の管理者なら物流改善のネタのカードは多く持っているに越したことはない。そこで委託先との共同改善の手法を導入し、工場物流改善にぜひ協力してもらうことにしよう。実際のところ委託先選定過程において「提案」をしてもらっているはずである。この提案を実際に実現できるようにお互いに協力し合って進めていこう。

　委託先との定期ミーティングを実施していくことを書かせていただいた。ぜひこのミーティングを活用し共同改善を実施していこう。この共同改善は自社にメリットがある改善のみならず委託先にも効果が及ぶ改善も含まれる。また、一つの改善の効果はどちらか一方が享受するのではなく、お互いが享受できるようなルールを作ることが長続きの秘訣だ。すべての改善について効果を半々で享受するパターンもあれば、より改善に貢献した方が多く取るパターンもあるだろう。大切な点は「独り占め」は避けた方がよいということだ。委託先との良好な関係を保つためにもフェアなやり方で進めていくことが重要である。

　委託先である運送会社とはお互い改善数値目標を握る必要がある。自社が改善すべき目標、委託先に改善してもらう目標が数値化されていれば、後はこの数値を実現できるアイデアを出す過程に入る。輸送方法や運搬のやり方などは委託先の方が知識を持っているはずなので積極的に改善案を出してもらおう。

　一方で委託先からは「この改善を実現するためには工場にこのようなことを依頼したい」、という要望が出てくることがある。提示された要望には真摯に対応する必要がある。例を挙げてみよう。委託先の運送会社からは「トラックの構内滞留時間を短縮して欲しい」という要望が出

てくることがある。工場側の事情でトラックを工場内で待たせている実態があるからだ。トラックが走行せずに停止している時間ほどムダなことはない。本来であれば工場に到着したトラックは荷降ろしや積み込みなどの荷役を極力短時間で行い、すぐに出発できることが望ましい。そこで工場側とすればこの要望に対応するために、事前の荷揃えを実施したりトラックの到着時刻を定めて他のトラックと荷役タイミングがぶつからないようにしたりすることが求められる。

　一例を挙げたが、委託先の効率を向上するために協力することも重要な共同改善であるという認識を持とう。これが巡り巡って工場の効率化にもつながるからである。ちなみに先の例ではトラックの回転率が向上することで、輸送価格低減につながると考えられるだろう。

　運送会社は運送に関しては皆さんより知識を持っていると思われる。つまりプロなのだ。したがって常にルート組みを行っている担当者はプロの意見を聞いてみることも改善につながる糸口だと考えてみてはどうだろう。もしかしたら今まで自分たちがよかれと思って組んでいたルートにはもっとベターな別の方法があったかもしれない。納入時刻を1時間ずらせば委託先の帰り便を活用できるオポチュニティーがあるかもしれない。このような情報は荷主である皆さんから積極的に運送会社にアプローチしなければ出てこない可能性がある。

　運送会社は皆さんの会社以外に多くの会社と取引がある。他の会社ではこのようなことをやっている、といった耳寄り情報を得られるかもしれない。このような観点からも運送会社の方がプロだといえるのだ。

　自社の担当者と運送会社の担当者で納入場を巡回し、改善点探しを実施してみよう。「他社ではこのような荷姿にしている」とか「このルートは他社混載ができるので納入回数を増やせる」などの生きた情報が得られる可能性があるのだ。

- ルート組みに対するアドバイス
- 他社との混載のオポチュニティー提案
- 他社の納入場における工夫
- 他社の荷姿における工夫

図表8-7. 委託先に期待するプロの視点

POINT

- 運送会社のプロの力を借りよう。
- 委託先の効率を向上するために協力することも重要な共同改善であることを認識しておこう。
- 自社の担当者と運送会社の担当者で納入場を巡回し、改善点探しを実施してみよう。

8 皆さんが輸送パートナーに貢献できること

　共同改善を行っていく過程でも運送会社の要望を聞き入れ、改善に取り組む重要性は説明した通りだ。改善はお互いのためになることだからWin-Winの状況を築くように実施すべきだ。それは取引が長続きすることにもつながるしお互いが成長することにもなる。

　繰り返しになるが、大抵の場合運送会社自体が改善することは巡り巡って自社のメリットとなって返ってくる。これは改善だけにとどまることではない。ぜひ皆さんに実施していただきたいことがある。皆さんにとっても大きなメリットとなること請け合いだ。それは「現場管理技術の伝授」だ。

　皆さんはご存じだろうか。皆さんが普段当たり前に使っている改善手法や現場管理技術などは実際のところ製造業以外ではあまり一般的ではないことを。日本のこのような現場改善手法があったからこそ日本の製造業は世界一になることができたともいえるのだ。製造業以外で一般的ではないということは、皆さんの委託先である運送会社でも同様であると考えられる。そこで共同改善活動を進めていく過程でこれらの手法を伝授してあげると喜ばれる。なぜなら委託先は学んだ手法を活用してさらなる改善を進めることができるようになるからだ。ここは出し惜しみをせずに、存分にノウハウを伝授していこう。「ムダを見つける視点」や「現場分析手法」、「ＱＣストーリーによる改善の進め方」など委託先にとっては目からウロコの内容が盛りだくさんだと考えられる。このように相手に「Give」を与えることで、最終的には自工場の効率化にも貢献してもらうことができるはずだ。

　運送会社に限らず取引先であるサプライヤーを育成することは皆さんの責務であると認識していただきたい。筆者も数多くの運送会社や倉庫会社を見ているが、ここはよくできているな、と感じる現場を持ってい

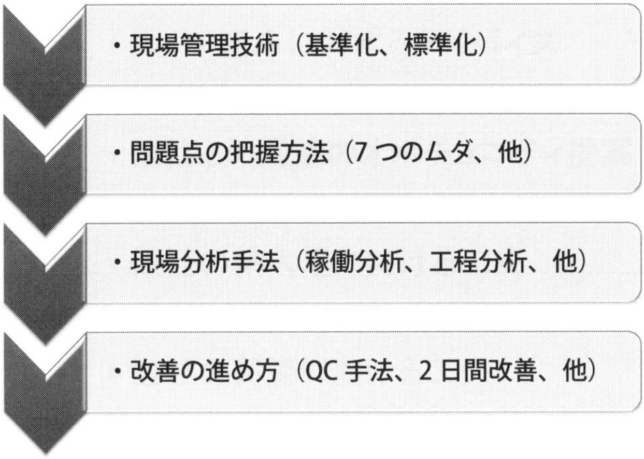

- 現場管理技術（基準化、標準化）
- 問題点の把握方法（7つのムダ、他）
- 現場分析手法（稼働分析、工程分析、他）
- 改善の進め方（QC手法、2日間改善、他）

図表8-8. 委託先への管理技術の伝授

る会社は間違いなく「うるさい顧客」を抱えている。うるさい顧客とは取引したくないと思われるかもしれない。しかし運送会社でも部品サプライヤーでも同様にいえることは「うるさい顧客」がいないと成長しないということ。うるさい顧客の担当者はことあるごとに運送会社の現場を訪問し、改善を促す。5Sができていなければ具体的な手順を示し実行を促す。何度もいって恐縮だがこのような委託先への貢献は結果的に自工場に戻ってくることになるのだ。つまり共同改善活動の前提条件は「お互いWin-Win」になることであって、決して一人勝ち状態を作ることではないのである。

POINT

- 大抵の場合運送会社自体が改善することは巡り巡って自社のメリットとなって返ってくる。
- 運送会社の成長につながる現場管理技術を伝授しよう。

輸送とCO₂排出の関係について知ろう

　私たちは輸送改善を行う際にコストを重視することは当然としても、CO_2排出量に伴う環境問題を無視するわけにはいかない。そこで少しだけ輸送とCO_2排出量の関係について見ていこう。

　運輸部門から発生するCO_2はこのところ減少してきたことは事実だ。2001年に2億6100万トンあった排出量が2012年には2億1700万トンまで減少した。自家用トラックから営業用トラックへの転換、環境対応車の開発・普及促進等の取り組みの結果、物流の低炭素化が進んでいるのだ。一方で物流ニーズの高度化に伴う多頻度少量輸送の進展等により、トラックの輸送量、分担率ともに増加傾向にある。

　そこで環境を目的にしたトラックから船舶や鉄道への輸送モード転換の推進が求められているわけだが、この取り組みをモーダルシフトと呼ぶ。行政としてもモーダルシフトへの取り組みの後押しをしている。荷主企業と物流事業者が協力して行うモーダルシフトの取り組みに対し、初年度の運行経費の一部を補助する運行経費補助、JR貨物及び利用運送事業者が、10トントラックと同じサイズのコンテナ（31フィートコンテナ）を導入する際に、経費の一部を補助する31フィートコンテナ導入補助、中距離、長距離輸送のモーダルシフトを促進するため必要となる設備導入経費の一部を補助するシャーシー等設備購入経費補助などの施策がある。

　一方で地球環境対策以外の要因でのモーダルシフトも始まりつつある。目的は将来的な輸送力の確実な確保だ。せっかくモノづくりを効率的に行ったとしてもでき上がった製品が顧客の元へと届かなければ売上につながらない。またモノづくりのための部品や資材などがきちんと工場に届かなければ生産を始めることすらできない。この全体のフローをサプライチェーンと呼ぶが、これをつなぐ機能の一部が輸送なのだ。すべての輸送をトラックに頼った場合、トラック運転者が減ってくると輸送能力が制限されることになる。その結果としてサプライチェーンの流れの一部に滞りが生じると日々の企業運営にも支障をきたすことになる。

　自動運転技術も発達し、トラック運転にも応用される日も近いだろう。建設業のように運送業にも外国人労働者の受け入れが可能になるかもしれない。残念なことではあるが人口減少に伴う経済の縮小で物量自体が減少するかもしれない。しかしこれらはいずれも確約されていることではない。将来的な輸送力不足は十分に考えられ、それに備えておく必要はあるだろう。環境対策と輸送力不足対策の2つの視点からモーダルシフトに取り組むことを強くお勧めしたい。

附　録

輸送コストの改善ができる人材を育成しよう

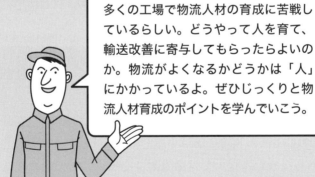

多くの工場で物流人材の育成に苦戦しているらしい。どうやって人を育て、輸送改善に寄与してもらったらよいのか。物流がよくなるかどうかは「人」にかかっているよ。ぜひじっくりと物流人材育成のポイントを学んでいこう。

1. 管理者は部下への質問を通して物流を学べ

　会社経営そのものに携わっている社内管理者の立場からはどうしても外せない「コスト」。本書では輸送コスト改善を解説しているが、物流にはこの観点から関心を寄せていくのがよろしいのではないだろうか。物流そのものにはあまりなじみのない管理者でもコスト面から物流を見ていくと、これは黙ってはいられないという状況になることは明らかだ。輸送コストを含む物流コストが会社経営面から見て効率的に使われているのであればよいのだが、そうでない場合には管理者自ら号令をかけて物流効率化によるコストダウンを図らなければならない場面も出てくるだろう。

　ということで早速自社あるいは自工場の物流コストを確認してみる。そしてそのコスト内容についても確認する。方法は物流責任者を呼んで質問することだ。重要なことは対外支払物流費だけではなく社内で発生している物流コストも把握できることである。質問の結果、物流責任者の方がもしかしたらこれらのコストを正確に把握できていない可能性がある。その場合はきちんと物流コストを調査し報告させるようにした方がよい。なぜなら正確に把握されていない物流コストには大きな改善の余地が含まれていると考えられるからだ。

　管理者が物流コストに関する知識を身に付けたら次に物流のでき栄えを評価できるスキルを学びたい。一つの見方として「売上高物流コスト比率」で業界平均と比較する方法がある。これは日本ロジスティクスシステム協会が毎年調査しているものであり、会社全体のマクロ値としての評価になる。もちろんこの値は小さい方が望ましいがどれくらいの値であれば妥当なのかについては**図表附**-1を参考にしていただきたい。自社の値が業界平均と比べてどうなのかある程度判断することができる。ただし「売上高物流コスト比率」は売上高の変動に応じて動くデータであるため、正確な物流の実力値を把握しづらいという欠点を持つ。

　したがって管理者はもう少しミクロなデータで物流のでき栄えを把握

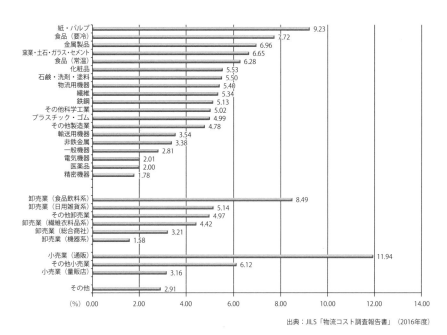

出典：JILS「物流コスト調査報告書」（2016年度）

図表附-1. 業種別売上高物流コスト比率

することが望ましい。一つの例として自工場がチャーターしたトラックを十分に活用できているかどうか調べてみる。例えば10トントラックをチャーターしたとすると、そのトラックには容積で約53㎥、重量で約10トンの貨物を積載することができる。これをそれぞれ分母に取り実際の荷の容積と重量のデータを報告させる。もし容積で26㎥、重量で4.5トンの貨物を積んだとすれば容積積載率は49％、重量積載率は45％ということになる。このチャーター費用が5万円だとすればその費用の内半分の2万5000円はムダにしているということになる。もしかしたら物流責任者はこういった実態を把握していない可能性がある。そこを修正していくことも管理者の役割だといえるだろう。

　工場内の物流スタッフの仕事の効率も同様。技能拡大がままならず作業編成が組みづらい場合、一日の中で実際に効果的な仕事をしている比率である作業充実度が6割程度ということもあるだろう。つまりこのような管理状態にある工場では物流人件費の4割がムダだということにな

るのだ。

　出荷荷姿で同じような見方をしてみよう。出荷段ボールの中の製品の充填率が70％だったとしたら段ボール購入費の3割をムダにしていることになる。荷姿はあまり注目を浴びない領域ではあるがその分改善の余地が大きいといえる。鋭い管理者の方は既にお気づきのことと思われるが、出荷段ボールの充填率が70％だということは、先に示したトラックの「真の」積載率はさらに30％下がることになる。容積積載率は49％ではなく実際には34％（49％×70％）ということになるのだ。

　いかがだろうか。このような物流のでき栄えを正確に把握する重要性についてご理解いただけたのではないだろうか。管理者の方にはこの観点からどんどん切り込んで物流コストの適正化に貢献していっていただきたいと思う。

2.　管理者は物流をマネジメントすることを学ぼう

　物流管理スタッフの育成の箇所で詳しく説明するが、サプライチェーン全体を俯瞰し、それを最適化できる方法について率先して学んでいただきたい。特に管理者の立場の方は物流を点としてとらえるだけではダメだ。そのために管理者の方に知っておいていただきたい業務として調達業務が挙げられる。調達は購買の仕事だから自分には関係ないというような管理者は考え方を変えていただきたい。例えば物流部門の管理者であったとしよう。物流コストが最近上がってきているがどうやら調達の仕方が影響していると考えられる。ではそれを改善するための方策は？となったときに調達に関する知識を持っていなければ部下に的確な指示を出すことはできない。

　次に生産管理に関する知識も持っておきたい。製造業の効率は多くが生産管理で決まる。そして物流と生産管理は不可分一体であるともいえる。生産管理しだいで物流が変わる。極端な小ロット化は一義的に物流ロスを招く可能性がある。何もかもいわれるがまま動く物流ではロスの

寄せ集めになりかねない。管理者は生産管理についても知識を得ることで、最適物流を実現可能とする生産コントロールを要請できるようになる。

　さらに管理者の方には運送会社を含む取引先のマネジメントができるようになっていただきたい。いろいろな業種で共通にいえることだが物流業務は外部企業にアウトソースする傾向にある。出荷トラックによる輸送だけではなく、倉庫における保管業務や工場内運搬などさまざまな物流業務を外部企業に委託しているのではないだろうか。ここで注意が必要なことは「丸投げ」になっており、実態がブラックボックス化されてしまっているリスクである。工場では物流業務はコア業務ではない「ノンコア業務」と位置付けられている可能性がある。もちろんアウトソースが悪いわけではないが管理状態でなくなってしまうことは望ましくない。ということで管理者の方にはアウトソース先との連携について学んでいただきたい。第8章で解説した通り月に一回は連絡会を持ち、前月の報告と改善進捗について確認するようにしたい。またアウトソース先からは月次レポートを提出してもらい物流実態をきちんと把握するように心がけよう。管理者にはこのような取引先マネジメントというスキルについても身に付けていただきたいと思う。

　管理者はいずれ会社の経営を担っていく立場にある人たちだ。日本では残念ながら物流について関心は低く物流部門への人材投入は少ない。この章で説明するような物流人材育成も不十分であるケースの方が多い。だからこそ今の管理者の方々に物流の重要性を喚起し、人材を質量ともに厚くしていく活動に取り組んでいただきたい。海外ではCLO（Chief Logistics Officer）と呼ばれる立場の人がいる。会社のロジスティクスに責任を負う役員だ。できればこのような立場の人を社内で育成し会社全体のサプライチェーンマネジメントを統括していただきたいものだ。別のところでも述べさせていただいたが、会社は物流だけを効率化すればよいわけではない。逆に物流でコストをかけてでもモノづくりを支えた方がよいということもあり得る。また固定観念を捨てて物流

については他社と組んで共同で実施していった方が望ましい場合だってある。このような判断は担当者ではなく管理者が実施していくべきだ。そのためには幅広い知識と市場の動向を見据えていなければならない。

　管理職の人にはこのようなタスクを担っていただくとともに、会社上層部にも物流の認識を高めてもらうように心がけて欲しい。そして部下を育成していっていただきたいものだ。その基礎知識として最低でも前記のようなサプライチェーン関連知識についても学んでいただきたい。

3. 物流管理スタッフの機能と育て方

　工場物流を効率的に実行し、工場全体の効率を向上させていくためのキーマンは優秀な現場スタッフである。一方、最初の物流設計次第で、現場スタッフのオペレーション効率は大きく変わってくる。輸送についても同様、最初の設計で効率はほぼ決定する。一方で日々のオペレーションが計画通りに実行されているのか、儲かる物流ができているのか

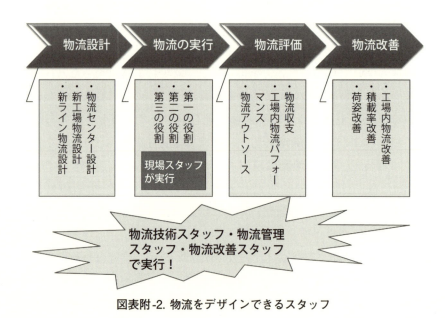

図表附-2. 物流をデザインできるスタッフ

は評価をしてみないとわからない。物流業務をアウトソースする際のパートナーが適正なのか、当初想定していたアウトプットが出ているのか。これについてもチェックしていく必要がある。ということで、これら物流PDCAをサポートできるスタッフ育成について考えていきたい。

　物流は「物流設計」－「物流の実行」－「評価」―「改善」というプロセスで成り立っている。「物流の実行」は現場のキーマンの実力次第である。ではその条件となる「物流設計」は誰が実施するのか。輸送を含めた物流の効率は最初の設計次第でほぼ決まってしまう。そのため初期設計をきちんと実行していく機能がある。この実行は物流技術スタッフが担うことになる。

　次に物流のでき栄えを評価するとともに、物流収支の観点からチェックする機能について解説したい。これは物流管理スタッフと呼ばれるキーマンの役割だ。そしてその評価結果を受けて物流を改善していく機能が必要だ。物流改善スタッフの役割である。これらの各機能を着実に実行できるキーマンを育成する必要がある。もちろん、同一人物が担当しても構わないし、別の人がやっても問題ない。大切なことは機能自体を漏らすことなく実行することにあるのだ。

　ここで物流管理スタッフの育成について考えてみよう。よくいわれる物流の弱点について考えてみていただきたい。

・カンコツで仕事を行っている
・アウトソースは丸投げ
・今の物流が良いのか悪いのか判断ができない

　このような声が聞こえてきそうである。工場の製造現場で当たり前にできていることがなぜ物流ではできないのか？　この不思議な状態の解消が物流管理スタッフのタスクである。

　「物流に関するデータを把握させること」。まずここからスタートしよう。物流にかかった全体コストを把握させ、1台あたりのコストを毎月フォローさせる。この全体コストはさまざまな要素から構成されている

- アウトソース先調査の実施
- 適切なアウトソース先の選定

- 積載率、台当たり輸送コストなどのKPI設定
- 物流実行の評価

- 定期ミーティングの開催
- お互いのタスクを明確化

- 改善進捗状況の確認
- お互いの成長

図表附-3. 物流をデザインできるスタッフ

ため、主要な要素でも同様に実施させよう。例えば構内物流の1台あたりの工数はどれくらいか、出荷トラック1台あたりの平均積載率はどれくらいか、など。

「物流アウトソース先のマネジメント」。これも管理スタッフの重要タスクだ。物流アウトソース開始の際に考えていた期待値があるはずだ。例えば対外支払物流費を2割削減するとか、誤配送を半減するとか、目標を持っていたはずだ。これが実現できているかどうか。アウトソース先に丸投げでまったく見えていない、といった状態になっていたら問題だ。そこで物流アウトソース先を評価できる仕組みを作らせてみよう。評価の視点はS（安全）Q（品質）D（納期）C（コスト）M（マネジメント）の5つだ。評価は4段階とし、ステップアップが確認できるようにするとよいだろう。第8章で記した定期ミーティングは物流管理スタッフにコディネートさせよう。この仕事を通して物流管理スタッフ自身のレベルアップを図るためだ。

製造業を例にとって物流を考えてみよう。工場は今や自社サプライチェーンの一部であるに過ぎない。工場の前工程には部品サプライヤーが存在する。そして工場の後工程は得意先だ。この工程全体を効率的に

運用していくことが企業価値の向上につながる。そのためにすべきことは？そう、私たちはサプライチェーン全体の最適化を視野において仕事をしていかなければならない。SCM（Supply Chain Management）の実行だ。その中で物流管理スタッフにはいくつかの役割が課されている。

　一つは調達管理である。工場が必要な時に必要な部品を必要数量調達する機能だ。生産に必要な分だけ購入したいところだが、これがなかなかうまくできていないことがある。「多く買いすぎ」「早めに買いすぎ」など、思い当たることはないだろうか。これを適正化していくことが必要だ。モノの購入の仕方次第で工場の中の在庫が増えたり減ったりする。つまりこの在庫は物流に大きな影響を与える要因であるため、在庫発生のメカニズムを理解するためには調達について知っておくことが不可欠なのだ。

　もう一つは生産管理である。生産工程にタイムリーにモノと情報を届ける行為を通して物流が工場の生産コントロールを実行できることを知る人は少ない。また余分な製品在庫を持つことなく出荷に合わせて生産を行い、トラック満載で得意先に届ける同期生産、同期物流も工場効率

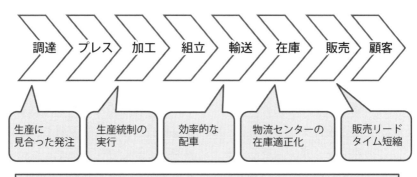

図表附-4. サプライチェーンマネジメントの実行

には欠かせないアイテムだ。トラック合わせ生産は物流と生産を同期化させることだが、多くの会社でモノづくりと物流が分離してしまっており、在庫の発生を招いている。物流管理スタッフはぜひこの融合を図っていただきたい。これができて初めてサプライチェーンマネジメントができたと評価できるだろう。

　これらの仕事ができる物流管理スタッフの育成には2つの方法が考えられる。1つは購買部や生産管理部から物流部門へと人を異動させることだ。1人でも調達や生産管理の仕事がわかっている人がいればその人が講師になって部門内教育を実施することができる。その結果としてノウハウの水平展開が可能になるのだ。2つ目は物流管理スタッフを購買部や生産管理部に実習に行かせることだ。それほど長い期間でなくてもよい。実務を自身で経験することで仕事を覚えるとともに、物流との関連性についても体感させることが望ましい。

4．効率的な物流を設計する物流技術スタッフの機能と育て方

　工場技術スタッフは生産工程内の設計を見事に実行している。加工工程なら適切な設備の設置から要求品質を満たすための条件整備まで、ほぼ完璧に整備する力を持っている。しかし工程間の設計となると心もとない。工場全体のレイアウトでは「物流を発生させない」という観点では、合格点をもらえるレベルに至っていないかもしれない。工場物流の要点は、「物流を発生させないこと」が基本。倉庫スペースなどの物流エリアは最低限で抑えたい。ではこれを実現させるのは誰か。それを担うのが物流技術スタッフなのだ。モノが工場に入り、加工されて出ていく。この間でモノが淀みなく清々と流れるように設計していく。このモノの入りと出を同一場所で行う「U字型物流」と、一方向から入り、反対方向に出ていく「I字型物流」、さらにI字型の変型版としての「L字型物流」がある。これらを念頭に効率のよい流れを物流技術スタッフが設計していく。

物流は最初の設計でその効率の大半が決まってしまう。そのため新工場や新ラインの設計は物流を大幅に効率化できる絶好のチャンスだ。工場の立地から始まり、工場内道路、工場建屋、倉庫、トラックエリアなどの配置であるサイトレイアウト設計、工場建屋内レイアウト設計など幅広い。これも物流技術スタッフが実施することになる。工場立地は物流だけが決定要素となるわけではないが、物流の重要度は大きいものがある。物流技術スタッフは、港湾や高速道路とのアクセス、将来的な物流インフラの整備計画、助成金の有無などの情報をできるだけ集め、それを基に立地を判断していきたい。

　海外で物流設計を行う際には現地の物流事情もよく調べておく必要がある。トラック輸送を行う場合には注意点がいくつかある。まず日本のトラックと現地で一般的に使われているトラックは違うということ。サイズが日本より大きいことや、日本で使われているウイング車は海外ではほとんど使われていないこと。これを知らずに荷受け場を設計すると大変なことになる。海外ではトラック後方からの荷役が一般的なため、荷台高さに合わせたドックが必要。これを設置していない日系会社の工場を筆者は実際に目にしたことがある。笑えない話であるが、これは物流設計の重大ミスである。

　道路事情にも注意が必要だ。未舗装や凹凸のある道路が多い。日本と同等の輸送荷姿では品質に影響が出てしまうことがある。物流技術スタッフはできれば実際に走ってみて道路状況を確認したい。

　以上のように物流技術スタッフの役割は極めて大きいことがおわかりいただけたと思う。ではそのスタッフはどのように育成していったらよいだろうか。もし生産技術スタッフに物流的な観点を学んでもらうのであれば物流工程設計チェックリストを作成し、実際に工場設計時にそれらの思想を織り込むように仕事をさせればよいだろう。これを実践することで着実に物流を理解し、そもそも物流を発生させないような工夫をしていくと考えられる。

　工場の外の物流設計として、適切な輸送モードの選択、積載率を向上

させながら運ぶためのルート設計、混載可能な荷姿設計などが必要だ。これらを学ぶにはとにかく実態を見させること。海外ではなおさらだ。日本と海外では物流条件が天と地ほど異なる。日本ほど物流が容易な国は珍しい。道路環境が抜群だ。輸送距離もたかが知れている。倉庫でモノを保管していても盗まれることは稀だ。とにかく従業員にモラルがある。これが日本で仕事をしてきた人たちの常識になっている。しかし海外物流には多々の難しさが存在する。出張旅費などを惜しまずに実際に現場を見させよう。

5. 輸送マイスターを育成せよ

　会社の物流コストのおおよそ6割は輸送にかかるコストだ。それだけにここをしっかりとコントロールできるスタッフを育てることは、会社のコストマネジメントの観点から大きな財産をつくることに他ならない。できれば社内に輸送マイスターという資格を設け徹底的に輸送改善を行っていこう。ではこの輸送マイスターをどう育成するか。

　輸送先が決まっているということは、育成の要点は「どのように届けるか」をデザインさせることにある。マイスターには輸送先が複数ある場合には、どことどこをどのような順番で回っていくのかを考えさせる。そしてどの輸送モードを使ったらベストなのかを学ばせよう。その時の視点は、輸送リードタイム、輸送コスト、環境対応の3つだ。この3つの視点で輸送モードごとの優劣を比較する。そしてこの3つの視点と併せて、将来的なトラック運転者不足という社会状況を勘案して最終的なモードを決定する。輸送モードには自動車（トラック、トレーラー等）、鉄道、船舶、航空機がある。国内輸送だけならトラックかトレーラーを使うことが多いかもしれない。しかし運転者不足を考えると鉄道や船舶の活用を考える必要もある。

　もし自動車を使うのであれば、運ぶ荷の特性によっていくつかの選択肢が出てくる。キーマンには輸送デザイン力を養わせるにあたって、こ

の点についても学ばせよう。荷の特性では「重量勝ち」なのか「容積勝ち」なのか、その両方があるのか、という点がポイント。キーマンにはこの2種類の荷物をバランスよく混載できるようなデザインを考えさせる。なぜなら重量勝ちの荷だけを積むと、トラックには空きスペースが出てしまう。容積勝ちの荷だけだとトラックの保有する重量能力を余らせてしまう。ここをバランス取りするということはトラックという資源を有効に活用する重要要素なのだ。

　さらに出荷量に合わせたトラック（トレーラー）のサイズも選択できる能力も学ばせよう。4トントラックや10トントラック、19トントレーラーや30トントレーラーなど、荷台のスペースと積載可能重量をまとめさせ、最適な車両を選べるようにしたい。ここで一点だけ注意すべき点がある。それは出荷する荷物の重量を把握しておくということ。製品単位重量と容器を含めた荷姿重量をデータとして持っておく。積載効率を向上させることはスタッフの使命ではあるが、同時に過積載にならないように配車マネジメントすることも重要。このようなトレーニングを繰り返すことで輸送デザインスキルが磨かれていくのだ。

　物流は外部企業に丸投げという会社があるが、これは望ましい話では

輸送デザインスキルのポイント
出荷製品の特性（重量勝ち・容積勝ちなど）を知っている
出荷先をどう巡回すればよいか判断でき、最適ルートをデザインできる
出荷先の荷受場の状況（広さ・前面道路幅）なども熟知している
輸送モード選択の判断基準を知っている
重量的・容積的積載率を算出でき、両者MAXとなる混載ができる
複数のタイプのトラック・トレーラーを選択できる
環境対応物流として、鉄道や船舶の利用も進言できる

図表附-5. 工場の外回りの物流設計

ない。アウトソースした会社が皆さん以上に会社の物流を熟知しているかというと、それはあり得ない。会社物流のプロは皆さんであり、皆さんから委託された仕事を条件通りにこなすのが委託先会社の役割だ。相手はすべての物流のプロフェッショナルであり、任せれば物流改善が進むなどといった幻想は捨てて欲しい。

　かといって委託先には効率的物流を実施してほしいところ。そこでマイスターに身につけて欲しいスキルが物流委託先育成スキルだ。委託先には物流効率化につながるいくつもの課題を投げるとよい。そしてそれを一緒に考えていくことで、委託先の力がみるみると増していくのだ。例えば積載率向上という課題を共有したとしよう。それに対して委託先は常時積載を行っているため、積載率を認識している。あとどれくらい積めば満載になるのかがわかっているのだ。委託先からアイデアをもらい、それを実現すべく社内で調整する。ある出荷製品があと30分はやく生産できればトラックを満載にすることが可能な場合。それならば生産計画を多少調整することで実現できるかもしれない。

私たちのとるべき望ましいアクションとは

　国が動き出している一方で荷主会社、着荷主会社にどこまでその思いが伝わっているかどうかはわからない。従来通りの取り組みをされている会社の方が多いかもしれない。しかしもし従来通り「トラックを待機させ」、「構内で余分な付帯作業を行わせ」、「しかもそれらの対価を支払っていなかった」としたら確実にその代償を支払わされることにつながるだろう。その代償とはその会社の製品などを輸送できずにサプライチェーンの寸断が起きることだ。

　では今後私たちは輸送に関してどのようなアクションを取っていったらよいのだろうか。国土交通省が「トラック運送業における下請・荷主適正取引推進 ガイドライン」を平成29年8月に改訂している。その中に「荷主にご協力いただきたい具体的取組例」として以下の内容が記されているので引用する。

＜発荷主（トラック運送事業者の契約相手）に協力いただきたい取組例＞
　①価格決定方法の適正化
　・一律○％減の原価低減要請や燃料価格等の変動分が考慮されない価格決定の禁止
　・トラック運送業者との十分な協議を踏まえた運賃・料金の決定
　②コスト負担の適正化
　・仕分け・検品・陳列等の付帯業務や荷待ち待機等、運送以外の業務に係る費用については、運賃とは別のものとして契約上明確化
　③契約の相手方・方法の適正化
　・契約相手となるトラック運送事業者について、運行管理者・整備管理者の選任、最低保有台数の維持、社会保険・労働保険の加入等、法令遵守状況の確認
　・運送契約締結に当たっては書面化を原則とし、附帯業務や荷待ち待機、高速道路料金等の支払いについて明記
　④長時間労働の削減
　・荷待ち時間、特に着荷主側における荷待ち時間の解消に向けた取組への理解と協力（トラック運送事業者との面談等による課題の具体的な把握等）等
　・トラックドライバーの長時間労働の改善に向け、着荷主・発荷主・トラック運送事業者が一体となって課題に取り組むための協議の機会を定期的に設ける等、協力体制の確立

＜着荷主（トラック運送事業者と契約関係にない荷主）に協力いただきたい取組例＞
　①コスト負担の適正化
　・着荷主においても、契約にない仕分け・検品・陳列等の附帯作業を無償で行わせないこと
　・着荷主の都合による荷待ち待機に関する費用について、発荷主・着荷主との間の契約において明確化
　・着荷主においても、自社の都合によりトラック運送事業者を長時間待機させない。やむを得ず待機させる場合においてはその分の人件費が発生することから、発荷主との間の契約における適切な費用負担について配慮すること
　・過度な小口多頻度輸送は、人手不足に直面しているトラック運送事業者にとって大きな負担となることから、ロットをまとめるなど、可能な範囲で効率的な運送依頼について配慮すること
　②長時間労働の削減
　・荷待ち時間、特に着荷主側における荷待ち時間の解消に向けた取組への理解と協力（トラック運送事業者との面談等による課題の具体的な把握等）等
　・トラックドライバーの長時間労働の改善に向け、着荷主・発荷主・トラック運送事業者が一体となって課題に取り組むための協議の機会を定期的に設ける等、協力体制の確立

　いかがだろうか。私たちは運送会社と契約する荷主の立場と、取引先が運送会社と契約しモノを受け取るだけの着荷主の立場の両面を持っている。原則として着荷主の立場ではトラック運転者に契約外の指示をすることはできない。何か要望があれば荷主である取引先に伝え、荷主が運送会社との契約に織り込むことが筋だ。仮に何かしらの作業を運転者に依頼するのであればそれは有償で実施してもらうことになる。
　この「荷主にご協力いただきたい具体的取組例」に記されていることは当たり前の内容だが、従来はこの当たり前のことができていなかったからこそこのような依頼となっているのだ。今できていないのであれば是正していくことが私たちに求められているのである。

おわりに

　輸送の仕組みを変えることで、輸送コスト削減とサプライチェーンにおけるリードタイム短縮に貢献することについて述べてきた。弊職は物流においてもきちんとデータ整備を行い、理論的にトラックなどの輸送モードを十二分に活用することの重要性について繰り返し書かせていただいた。

　過去の物流はカンコツ度胸のKKDで取り組んできた感が否めない。しかし本気で物流改善を進めたいのであればもっと科学的に取り組まないと駄目である。また物流改善を進めていく過程においては、物流部門単独では解消し得ない問題にも多々出会うことだろう。そこであきらめたら終わりだ。物流先端企業では物流効率を低下させる製品の設計を見直すことまで実行しているのだ。他部門から難色を示されてもへこたれずに進んでいって欲しい。なぜなら物流改善で稼げるだけの利益を生み出せる方策はそう簡単には見つからないはずだから。

　最近の物流、とりわけ輸送を取り巻く環境は悪化の一途をたどっている。トラック運転者が不足し、皆さんの会社の荷物を運べなくなることも十分に頭に入れておいていただきたい。一方でトラックの活用度はその保有能力の半分にも満たないのが現実だ。これを何とかするための方策を学んでいただいた。これらを実行することでまず輸送能力不足は解消できるだろう。

　ではもう一つのトレンドである運賃の上昇。これはどうか。大手物流事業者が値上げを行ったことをきっかけに、堰を切ったように運賃値上げ交渉が行われている。場合によっては運送事業者の方から契約の解除を求められるケースも出始めている。これについても学んでいただいた方策で十分に乗り切ることが可能であるとともに、運賃を含めた輸送コストを下げることができるはずだ。

　冒頭に掲げた物流コスト30％削減をぜひ実現していただきたい。そのためには本書で紹介した内容について手を抜くことなく実行してい

だきたい。

　最後にもう一度申し上げておきたいことがある。それは「身勝手な物流改善」は絶対に行わないでいただきたいということだ。物流の効率化の原理原則は「荷を集めて」運ぶことにある。だからといって今不必要なものまでまとめて運ぶことはナンセンスだ。わざわざ在庫を増やしてまで目先の輸送コストを下げることは物流のプロがやることではない。あくまでもジャストインタイムと物流コスト低減を両立させることが物流のプロに課されたタスクだと認識しよう。

　輸送改善、そして物流改善全般を通して皆さんの会社のサプライチェーンが高度化することを願って筆をおくこととしたい。

2018年3月

仙石惠一

【著者略歴】

仙石惠一（せんごく けいいち）

Kein物流改善研究所 代表、国際物流総合研究所 主席研究員
1960年、東京都港区生まれ。
1982年、慶應義塾大学経済学部卒業後、日産自動車株式会社に入社。
生産管理、物流管理、購買管理などサプライチェーン全般を担当。
特に物流管理の経験が長く、物流作業の標準化、物流標準時間の確立、新工場物流設計、部品を引き取りに行く調達物流の確立などを経験。
中国駐在時には現地物流会社指導にあたり、大手外資系メーカーから声がかかるまでに成長させた。
またフランスのルノー社との共同購買会社では物流費などの経費購買分野でグローバル調達の仕組みを構築。
2013年、Kein物流改善研究所を設立。独立系ロジスティクス・コンサルタントとして国内外のメーカーなどの荷主企業や物流事業者の改善支援コンサルティングや講演活動、執筆活動などを行なっている。
https://www.keinlogi.jp/

みるみる効果が上がる！製造業の輸送改善
物流コストを30％削減

NDC675

2018年3月30日　初版1刷発行　　　　定価はカバーに表示されております。

　Ⓒ著　者　　仙　石　惠　一
　　発行者　　井　水　治　博
　　発行所　　日刊工業新聞社

〒103-8548　東京都中央区日本橋小網町14-1
　電話　書籍編集部　　03-5644-7490
　　　　販売・管理部　03-5644-7410
　　　　FAX　　　　　03-5644-7400
　振替口座　00190-2-186076
　URL　　http://pub.nikkan.co.jp/
　email　info@media.nikkan.co.jp

印刷・製本　新日本印刷

落丁・乱丁本はお取り替えいたします。　　2018　Printed in Japan
ISBN 978-4-526-07832-3

本書の無断複写は、著作権法上の例外を除き、禁じられています。